人工智能與
經濟改革發展

蔣南平、鄭萬軍、王竹君
編著

前　　言

　　以人工智能為代表的當代高新科技即將給人類的社會生產與社會生活帶來前所未有的巨大變化，這已經成為人們的共識。如今，中國已經進入了中國特色社會主義的新時代。在新時代，中國社會主義初級階段的基本矛盾已經轉變為人民群眾日益增長的美好生活的需要同不平衡不充分發展的矛盾。而要解決這個矛盾，我們首要的任務，就是要牢固樹立新的發展理念，通過高質量地發展，在更大範圍內、更高層次上進一步解放及發展生產力。要達到此目的，以人工智能為代表的高新科技將成為最重要的手段與契機。

　　「理論往往是行動的先導」。如何運用人工智能等高新科技為新時代中國特色社會主義經濟建設服務，亟須正確地用理論解答當前許多現實問題，並指導社會生產過程中的具體實踐。然而，如何處理人工智能與中國經濟發展的關係，如何看待人工智能背景下中國經濟發展前景，如何在中國經濟改革與發展過程中的各個領域運用人工智能為我們服務等方面，當前的學術成果尚不多見。本書則是系統論述人工智能與當代中國經濟改革發展的一部專著。

　　本書論述了人工智能與中國特色社會主義、人工智能與中國經濟改革

效應、人工智能與中國經濟社會發展、人工智能與經濟理論、人工智能與經濟發展機遇、人工智能與科技、人工智能與新時代中國經濟建設、人工智能與勞動力市場、人工智能與財政及收入分配改革等方面，力求解答和探析新時代人工智能與中國經濟改革發展中面臨的諸多問題，為中華民族的偉大復興盡綿薄之力。

  本書可作為理論工作者及實踐工作者的參考用書，也可作為高校碩士生、博士生的參考用書。

作者

目　錄

第一章　人工智能與中國特色社會主義 ……………… （1）

　　第一節　中國特色社會主義理論與人工智能概述……… （1）
　　第二節　人工智能和中國特色社會主義發展…………… （4）
　　第三節　人工智能在中國特色社會主義中的發展態勢……… （7）
　　第四節　利用人工智能為中國經濟改革服務 …………… （10）

第二章　人工智能與中國經濟改革效應 ……………… （15）

　　第一節　人工智能與經濟社會影響 ……………………… （16）
　　第二節　人工智能與社會技術效應 ……………………… （21）
　　第三節　人工智能與社會發展效應 ……………………… （26）
　　第四節　人工智能效應的政策措施 ……………………… （32）

第三章　人工智能與中國經濟社會發展 ……………… （37）

　　第一節　人工智能引發的經濟社會問題 ………………… （37）
　　第二節　人工智能如何影響經濟社會 …………………… （44）
　　第三節　積極應對人工智能提出的挑戰 ………………… （52）
　　第四節　用中國特色社會主義理論引領智能化經濟社會 … （58）

第四章　人工智能與經濟理論的思考 …………（64）

第一節　人工智能與剩餘價值創造 ………………（64）
第二節　人工智能與科學的勞動價值論 ……………（70）
第三節　人工智能與資本主義生產理論 ……………（82）
第四節　人工智能與勞動理論 ………………………（87）

第五章　人工智能與經濟發展機遇 …………（96）

第一節　人工智能與時代新機遇 ……………………（97）
第二節　抓住人工智能背景下的發展機遇 …………（104）
第三節　規劃新時代人工智能與經濟社會的未來 …（112）

第六章　新時代人工智能：人與科技的發展 …………（118）

第一節　人工智能與人的發展 ………………………（118）
第二節　新時代人工智能的科技貢獻 ………………（125）
第三節　新時代人工智能是第四次科技革命 ………（132）

第七章　人工智能和新時代中國經濟建設 …………（144）

第一節　人工智能：經濟建設政策與機遇 …………（146）
第二節　人工智能與中國特色社會主義經濟建設實踐 ……（158）
第三節　人工智能在經濟建設中的作用 ……………（166）

第八章　人工智能與勞動力市場 …………（174）

第一節　人工智能如何影響就業 ……………………（174）
第二節　人工智能與新時代就業效應 ………………（182）
第三節　人工智能對中國未來勞動力市場的影響分析 ……（189）
第四節　正確審視人工智能下的勞動力市場 ………（197）

第九章　人工智能與改革：財政、收入與失業問題
....（203）

第一節　如何看待人工智能下的失業、就業問題 …………（204）

第二節　如何看待人工智能的經濟作用及對收入的影響 …（211）

第三節　如何看待人工智能與公共社會治理……………（220）

第四節　如何看待人工智能與財政管理問題……………（230）

參考文獻 ………………………………………………（239）

第一章　人工智能與中國特色社會主義

　　中國特色社會主義理論體系是對馬克思列寧主義、毛澤東思想的繼承和發展，是引領建設和發展中國特色社會主義的指導思想。如今，中國特色社會主義進入新時代，習近平新時代中國特色社會主義思想肩負著實現中華民族偉大復興的歷史使命，即實現國家富強、民族振興、人民幸福的中國夢。在新時代背景下，面對新的機遇和挑戰，必須始終堅持中國特色社會主義理論體系，堅持新發展理念，堅持科技創新重要戰略思想。科技創新是提高社會生產力和綜合國力的戰略支撐，人工智能作為新時代創新性的科技進步，在新一輪的工業革命中脫穎而出，逐漸展現出在各行各業中的廣闊應用前景，長期來看，人工智能的合理應用，必將在助力新時代中國特色社會主義建設和發展過程中發揮重要的作用。

第一節　中國特色社會主義理論與人工智能概述

　　中國特色社會主義理論體系，是包括鄧小平理論、「三個代表」重要思想、科學發展觀以及習近平新時代中國特色社會主義思想在內的科

學理論體系。中國特色社會主義理論是馬克思主義普遍真理和中國具體實際相結合而產生的,是馬克思主義中國化的具體表現,在領導中國人民進行改革開放和社會主義現代化建設的偉大實踐中發揮了引領作用。同時,中國特色社會主義理論體系既是引領建設和發展中國特色社會主義偉大事業的指導思想,也是促進中國經濟社會快速發展的重要旗幟,是中華民族永續發展的強大精神支柱。

黨的十九大報告指出:「經過長期努力,中國特色社會主義進入了新時代,這是中國發展新的歷史方位。」新時代必然有新的理論支撐,習近平新時代中國特色社會主義思想是黨的十九大精神的核心內容。站在新的歷史和時代的高度,從習近平新時代中國特色社會主義思想層面上,可將中國特色社會主義理論體系概括為「三個目標」「四個自信」「四個全面」「五大理念」。即實現民族復興「中國夢」的總目標、「兩個一百年」中期目標與完善和發展中國特色社會主義制度,推進國家治理體系和治理能力現代化的改革發展目標;堅持道路自信、理論自信、制度自信、文化自信的「四個自信」;以全面建成小康社會、全面深化改革、全面依法治國、全面從嚴治黨為內容的「四個全面」戰略佈局;推進創新、協調、綠色、開放、共享的「五大發展理念」。在黨的初心和使命問題上,十九大報告指出,「中國共產黨人的初心和使命,就是為中國人民謀幸福,為中華民族謀復興」,這是對黨的宗旨及使命的新闡述。習近平新時代中國特色社會主義思想是中國特色社會主義理論體系中的最新內容,是馬克思主義中國化的最新成果,是為實現中華民族偉大復興而奮鬥的行動指南。

人工智能是以大數據、雲計算為支撐,以互聯網為平臺,以智能化為標誌,以人的自由全面發展為最高價值取向的一種新型的生產力形態。人工智能技術是先進生產力的最新質態,其通過對人的意識和思

維進行模擬、延伸和拓展來完成各種需要人類智能的複雜工作。當前，人工智能的發展與計算機科學行業的發展密切相關，人工智能已經逐漸被應用於中國生產、生活和工作的眾多領域，諸如家具、零售、交通、醫療、教育、物流、安防等領域都能見到人工智能的廣泛應用。

人工智能的進化主要包括弱人工智能、強人工智能和超人工智能三個階段。弱人工智能主要是指只專注於完成某個特定的任務，它們只被用於解決特定的具體類的任務問題而存在，大都是數據統計，其發展程度並沒有達到模擬人腦思維的程度，因此弱人工智能仍然屬於「工具」的範疇；強人工智能屬於人類級別的人工智能，在各方面都能和人類比肩，人類能幹的腦力活它都能勝任，它能夠進行思考、計劃、解決問題、抽象思維、理解複雜理念、快速學習和從經驗中學習等操作，並且和人類一樣得心應手；超人工智能已經跨過「奇點」，其計算和思維能力已經打破人腦受到的維度限制，其所觀察和思考的內容，人腦已經無法理解，隨著人工智能的發展將形成一個新的社會。

黨的十九大報告提出：「推進互聯網、大數據、人工智能和實體經濟的深度融合。」2017年7月，國務院在新一代人工智能發展規劃中，對中國人工智能發展提出了三步走的戰略目標，其中第一步，是在2020年達到總體技術和應用與世界先進水準同步，人工智能產業成為新的重要經濟增長點，人工智能技術應用已成為改善民生的重要新途徑。同時，國家在2018年的政府工作報告中明確提出加強新一代人工智能研發與應用。這些政策變化充分表明黨中央對於人工智能技術的認可，並以審時度勢的戰略思維看到了人工智能對於人類社會進步發展的重要作用。

第二節　人工智能和中國特色社會主義發展

新時代下的經濟進入了新常態的新階段,黨的十九大報告提出了兩個重要的變化,一是目前中國經濟已經由高速增長階段轉向高質量發展階段,正處於轉變發展方式、優化經濟結構、轉換增長動力的攻關期;二是中國的主要矛盾已經變為人民日益增長的美好生活需要和不平衡不充分的發展之間的矛盾。在新時代下要成功實現國家富強、民族振興、人民幸福的中國夢,必然離不開科學技術進步。人工智能作為一種新型的科技創新,不僅能促進傳統產業轉型升級,還能催生出新興產業和新興技術,必然為新時代的進步和發展帶來新的增長極。當然,在實現國家「穩中前進,穩中向好」的發展過程中,我們必須要用正確的視角看待人工智能發展對中國社會發展進步產生的影響,充分發揮人工智能所帶來的正效應,同時,也要合理規避人工智能產生的負效應。

一、充分發揮人工智能所帶來的正效應

(一)人工智能助力傳統產業轉型升級

人工智能的發展創新為傳統產業的轉型升級提供了全新的思路和發展視角,當前傳統產業,如農業、製造業、醫療等方面都面臨著轉型升級的迫切需要,以「互聯網」為媒介,將人工智能技術滲透到傳統產業的各個領域,使二者高度融合,為傳統產業的質量優化和效率提高提供了重要契機。在農業方面,如可通過遙感衛星、無人機等監測中國耕地的宏微觀情況,由人工智能自動決定或向管理員推薦最合適的種植方案,並綜合調度各類農用機械、設備完成方案的執行,從而最大限度解放農

業生產力。在製造業中,人工智能可以協助設計人員完成產品的設計,在理想情況下,可以很大程度上彌補中高端設計人員短缺的現狀,從而大大提高製造業的產品設計能力。在醫療方面,醫療數據智能分析或智能的醫療影像處理技術可幫助醫生制定治療方案,並通過可穿戴式設備等傳感器即時瞭解患者各項身體指徵,觀察治療效果。人工智能與傳統產業的深度融合有助於傳統產業打破困境,成功實現轉型升級。

(二)人工智能催生新興產業

人工智能基於其自動化、智能化、靈活化的特點,在合理的應用下,有利於促進新產業的誕生和發展。例如,智能照明是伴隨人工智能而誕生的一個全新產業,是互聯網影響下物聯化的一個具體體現。以道路照明為例,通過在路燈上安裝其他的傳感器,融入監測功能,可實現對車流量和PM2.5的監測等。另外,人工智能可以為人們的生活提供便利並催生新型服務產業的誕生,「支付寶」「共享單車」被列為中國的新「四大發明」,它們均以其智能化的優質服務為人們的生活帶來便利。共享經濟是依賴互聯網平臺構築的一種新的經濟運行模式,共享單車、共享汽車、共享空間等這些以人工智能技術為前提的發展改變了傳統消費模式,產生了新型的服務產業。

(三)人工智能推動新技術創新

當前,利用人工智能技術,已經有大量的新技術出現在人們的視線中。例如,華為發布的雲軌無人駕駛系統最大的特點就是依託智能化技術實現一網傳輸並儲存所有數據、視頻、音頻等信息,具有高度的可靠性、有力的抗干擾性等優勢;5G技術的孕育使人們進入了萬物互聯的時代;醫療機器人、情感機器人甚至裁判機器人都出現了,其智能化的服務給人們的日常生活帶來了極大的便利。人工智能技術的應用催生了一項項新技術,將創造一個又一個「中國奇跡」。

二、自覺規避人工智能產生的負效應

在人工智能的研發和應用過程中我們要自覺地規避風險、統籌兼顧，使之真正助力於中國特色社會主義持續健康發展。

(一) 規避就業風險

隨著人工智能的發展，工業機器人、醫療機器人、家庭機器人等逐步走進人們的工作與生活中，這些機器人勞動逐步替代了部分人類體力勞動，將諸多體力勞動者邊緣化，甚至將其排除在經濟體系之外，顯然，人工智能技術在推進社會發展的同時也會使得一些弱勢群體陷入困難的境地。政府應根據實際情況採取相應的措施調控人工智能發展可能導致的失業問題和「就業難」的問題，保證就業率持續穩定增長，從而才能進一步促進新一代人工智能技術的健康有序發展。

(二) 規避數字鴻溝和貧富鴻溝

人工智能技術依託於大數據和雲計算，在促進社會發展的同時也會導致信息的不對稱。信息不對稱會導致社會資源集中在少數人的手中，而另外一部分無信息來源的人將在社會中處於被動的境地，嚴重時，會導致社會秩序紊亂、違法犯罪事件發生。針對這種可能出現的問題，一方面採用人工智能技術的企業應該遵守市場規則，做到信息共享避免數字異化；另一方面政府在信息化時代應加強對各平臺人工智能和互聯網企業的監管，防止數據壟斷、數據洩露、數據濫用等現象的出現，切實維護市場秩序；最重要的是大眾應該增強權利意識，切實提高自身的職業技能水準，從而促進中國特色社會主義經濟在健康有序的社會環境中實現又好又快發展。

中國特色社會主義理論體系的主題是發展，社會主義的根本任務是解放和發展社會生產力。人工智能作為新型的科學技術，無論是對

於促進傳統產業的轉型升級還是對於新興產業和新興技術的催生都發揮了重大的建設性作用。同時,中國正處於重要的轉型期,人工智能發展對經濟從高速度增長向高質量發展轉型以及解決社會新的主要矛盾等方面都有積極的促進作用。當然,人工智能技術作為一種新型技術,對於新時代社會進步與發展既是機遇也是挑戰,在人工智能的建設過程中,要充分發揮其帶來的「正效應」,合理規避「負效應」,實現人工智能的可持續發展,進而為新時代中國特色社會主義發展貢獻強大的正能量。

第三節　人工智能在中國特色社會主義中的發展態勢

伴隨著中國特色社會主義進入新時代,社會主要矛盾已經轉化為人民日益增長的美好生活需要和不平衡不充分的發展之間的矛盾。繼 2017 年 7 月國務院發布《新一代人工智能發展規劃》後,人工智能進一步寫入黨的十九大報告,國家層面已充分肯定人工智能的重要性。而人工智能是以大數據、雲計算為支撐,以互聯網為平臺,以智能化為標誌,以人的自由全面發展為最高價值取向的一種新型的生產力形態。歷史上每次科學技術的變革都將對當時的社會產生重要的影響。當下如何以正確的視角來審視人工智能及其所帶來的社會影響對於正確發揮人工智能的積極效應具有重要的意義。

人工智能的概念最早是由美國科學家麥卡錫在 1956 年的達特茅斯會議上提出的,他認為「人工智能就是要讓機器的行為看起來就像是人所表現出的智能行為一樣」。目前普遍被人們認可的人工智能定義是「人工智能是用機器模仿和實現人類的感知、思考、行動等人類智力

與行為能力的科學與技術,目標在於模擬、延伸、拓展人的智慧與能力,使信息系統或機器勝任一些以往需要人類智能才能完成的複雜任務」。

從學科的角度進行分析:人工智能(學科)作為計算機科學中的一項工程設計,是設計和應用智能機器的重要分支。當前,對於人工智能的研究,其目標和任務是使用探索機器,對人腦中的某些智力功能進行模擬和執行,並深入探究其中的知識理論以及技術。

從能力的角度進行分析:人工智能(能力)會執行與人類智能有關的各種智能行為,如判斷能力、推理能力、證明能力、識別能力、感知能力、理解能力、通信技術設計能力、思考能力和學習能力等一系列的思維活動。

人工智能的迅速發展正在改變著人類的社會生活。經過60多年的演進,當前人工智能發展已進入新階段。在移動互聯網、大數據、超級計算、傳感網、腦科學等新技術的共同驅動下,人工智能推動著經濟社會各領域從數字化、網路化向智能化加速躍升。未來人工智能的發展甚至可能改變世界格局。人工智能引發了新一輪國際競爭,許多國家已將其上升為國家戰略。人工智能是一項戰略性技術,牽動著國家發展命運,關係著國家綜合實力的對比,一場沒有硝菸的戰場已經在這片技術高地上展開。各國為了在這場技術競爭中取得主動權,紛紛謀篇佈局、統籌規劃,圍繞人工智能作出了戰略部署。當前美國、中國、日本、英國等國已經制定了較為全面和長遠的人工智能發展戰略,對戰略制高點的爭奪日趨激烈。世界主要發達國家把發展人工智能作為提升國家競爭力、維護國家安全的重大戰略,中國也不例外。國務院發布的《新一代人工智能發展規劃》中明確指出,人工智能成為國際競爭的新焦點。

新一代人工智能技術為傳統產業實現轉型升級提供了全新的視

角。當前傳統產業在市場、資源以及環境、成本等方面都面臨著轉型升級的迫切需要。中國互聯網產業基礎位居世界前列，互聯網作為「仲介」將智能化技術滲透到各個具體領域，為傳統產業的質量優化和效率提高提供了重要契機。「中國製造2025」這一中長遠戰略目標的實現離不開人工智能和傳統產業的深度融合，二者之間的融合必將打破傳統製造業降低成本、提高效率、滿足定制這一「三角困境」，改變傳統產業以往的發展邏輯。黨的十九大報告指出，未來五年重點通過智能製造建設製造強國，發展智慧經濟，建設智慧社會，傳統產業借助人工智能技術實現「騰籠換鳥」「鳳凰涅槃」已成為未來發展的一大趨勢。同時人工智能也催生了一系列新產業、新業態、新技術，比如支付寶、共享經濟、無人駕駛等。總之，人工智能技術無論是對於傳統產業的轉型升級還是助力新產業、新技術、新業態的發展都發揮著重要的建設性作用。可見，人工智能技術是建立完善的現代化經濟體系、推動發展方式的轉型升級、實現「中國製造2025」戰略目標的突破口。

近年來中國人工智能發展迅速，憑借技術的突出進步和科研實力的快速增長，不斷縮小與一直處於主導地位的美國之間的差距。一方面，中央政府加強引導和規劃，將人工智能、機器人等作為重要發展方向；另一方面，各級政府紛紛出抬資金扶持等配套政策，支持建設人工智能產業園和示範基地，吸引科技創新公司和高端人才入駐，鼓勵企業把資金投入人工智能關鍵技術領域，例如杭州、蘇州等城市都在加快建設人工智能產業園和產業孵化器。中國以BAT為代表的互聯網企業不甘落後，積極展開人工智能佈局。百度2016年進行戰略架構調整，把人工智能視作公司發展的重中之重；阿里將人工智能與大數據、雲計算等結合，對電商物流和物聯網進行支撐；騰訊通過搜狗發力人工智能，在語義理解、識別和人機交互方面展開了諸多探索。國外學者和媒

體認為,中國人工智能或將實現彎道超車。但客觀地分析,中國人工智能發展還面臨著頂層設計不夠、人才儲備不足等制約性因素,所以與國外發達國家還存在一定差距。

第四節 利用人工智能為中國經濟改革服務

人工智能作為推動中國新時代經濟社會發展的強大科技力量,必將對當代中國產生不可估量的積極作用。因此,如何因勢利導,積極利用人工智能為中國經濟改革服務則是至關重要的。

一、人工智能在中國的應用

研究表明,人工智能作為當代高新科技的重要代表,已在全球範圍內產生了廣泛的影響。在中國,也有著廣泛的運用。

(一)人工智能正在改變部分行業的生產運作模式

隨著人工智能的發展應用,正在推動產業從生產方式到管控模式的變革。以製造業為例,通過「機器換人」,將可以實現工廠24小時無停歇生產製造,可實現產品的規格化、標準化、批量化,最大限度地提升勞動效率和生產效益。據埃森哲預測,在人工智能的幫助下,人們將能更有效地利用時間,到2035年,在人工智能的推動下,中國勞動生產率有望提高27%。

(二)人工智能正在改變人們的日常生活方式

在人工智能的驅動下,語音語義、計算機視覺等技術應用更加成熟,智能化人機交互軟硬件不斷出現,語音識別、人臉識別等技術已經廣泛應用於智能客服、遠程開戶、實名認證等方面,使得人們的生活更

加便捷。例如微眾銀行和騰訊雲合作,利用人工智能技術,通過在手機上安裝的 APP 程序,僅需 20 秒就能判斷開戶者與身分證持有者是否為同一人,使得用戶可以不用到銀行櫃臺就能辦理各種銀行業務。

(三)人工智能將驅動社會向更高層級發展

人工智能正在將人類從簡單重複的勞動中解放出來,使得人們有更多的時間去追求更高層級的生活體驗。例如,谷歌公司正在研發的無人駕駛汽車,就是在計算機視覺技術、傳感器與高精度地圖等人工智能軟硬件配合協作下,實現在公路網上的自動行駛,使人們可以從「駕駛」的工作中解放出來,在車內空間中開展辦公、休閒等活動,極大地提升了時、空利用率。

(四)人工智能的應用也可能帶來隱患

(1)人工智能已經在很多工廠裡被大量採用,使很多藍領工人和下層的白領失去了工作崗位。現在人工智能已經在製造業、醫療等行業扮演了非常重要的角色。人工智能將會提高生產力,但目前我們如果不能擺脫基於勞力—工資的經濟模式,人工智能帶來的失業問題我們就很難解決。

(2)在隱私安全方面,生活中隨著智能機器的增加,人工智能接觸個人隱私的機會越來越多,保障隱私安全已成了一道難題。比如我們所使用的瀏覽器,它會記錄個人經常訪問的網站名稱並且進行排序,在下一次使用時會優先提示這些網站的地址,那麼這些網站會完全保密嗎?誰又能給我們提供保證呢?事實上,這類智能軟件在充當「智能管家」的同時也扮演著偷盜者的角色。

(3)在技術依賴上,人工智能技術可幫助人們節省腦力和體力,並且在一定程度上提高效率和安全保障性,但長此以往,人類必將缺乏在身體素質、工作技能和邏輯思維能力上的培養和訓練,轉而過度依賴人

工智能技術,如此一來,必然會造成人的質和量的削弱和精神空虛。

(4)在公眾安全方面,人工智能技術的發展給人們提供了很多有效的實用性工具,以專家系統為例,它應用人工智能技術,根據某領域一個或多個專家提供的知識和經驗,進行推理和判斷,模擬人類專家的決策過程,解決那些需要人類專家處理的複雜問題。但是專家系統並不是完美的,某個領域的專業水準隨著不同歷史時期的更迭而在不斷更新,而專家系統受制於設計者的能力局限,其內部結構的更新總會出現一定的滯後性。一旦專家系統與網路連接起來並得到普及,而人們又對其過分依賴,這不僅僅會導致事故發生,更有可能產生對公眾安全的威脅,一旦被不法分子利用,後果將更加嚴重。

(5)在社會效益分配問題上,人工智能風險與財富一樣,都是附著在階級模式上的,但以顛倒的方式附著,財富在上層聚集,而人工智能風險在下層聚集。就此而言,貧窮招致了大量的風險,相反(收入、權力和教育上的)財富可購買安全和規避風險的特權,任何一個人只要手頭有足夠的長期銀行存款,就可以免受失業的煎熬甚至可以鞏固自身利益,人工智能實際上更加劇了社會的不平等。

二、大力推進人工智能趨利避害的各項工作

人工智能是一把雙刃劍,如何充分利用好這把雙刃劍達到趨利避害的效果,是當下中國刻不容緩需要解決的問題。

(一)推進人工智能技術的立法工作

(1)加強個人隱私信息保護。保護網路和隱私數據安全是發展人工智能的前提。

(2)加強個人數據保護。人工智能時代,人工智能系統對個人數據的使用不斷增強,數據不對稱是個人信息保護的重點,需要完善個人信

息保護政策。

(3)完善侵權責任承擔制度。不能讓消費者和製造商承擔過重責任,否則會阻礙技術革新,同時又要充分救濟受害人。基於此,建立一套以責任保險制度為核心的綜合救濟體系或許是最好的解決之道。

(二)加強職業技能培訓

為了更好地應對人工智能對就業產生的一些影響,在職業技能培訓方面,需要政府從教學基礎上對當前的教育教學體系進行完善,將普通高等教育與職業教育連接起來,對人才的數字化技能進行提升。在教育體系中,要結合產業的實際發展需求和創新技術的發展,將高等教育、中等教育等教育結構進行優化。此外,還要對雙向職業教育的培訓機制進行構建,將教育產生的就業先導作用發揮出來,這樣才能更好地應對人工智能所帶來的就業挑戰。在勞動力技能培訓方面,政府要給予高度重視,並強化各項環節的投入,這樣便於對低水準的勞動人員進行更好的培訓,使其擁有高技術水準,獲得更多的就業機會,降低人工智能對勞動力市場產生的就業衝擊。其中包括:構建數字化技術培訓體系,可保證技術的發展與勞動者的培訓同步,如果勞動者有被動的職業轉換,可隨時停止終生學習。針對已經就業的勞動人員,需要利用教育之外的一些力量對其進行培訓,以便加強勞動力市場與當前教育的匹配度。

(三)加強國際合作

人工智能所帶來的風險是世界性的,世界各國和國際組織應該積極加強合作與交流來應對風險。中國應在聯合國的通力協調下聯合建立用於研究人工智能風險與安全問題的組織,解決人工智能所產生的國際問題。國際問題只能借由國際合作與交流來一致探索設計策略與合理模式,世界各國應牢固樹立人類命運共同體意識,在共同的宗旨下

推動世界在人工智能飛速發展的背景下實現平穩有序的共同發展。

新時代下的中國特色社會主義經濟活力足、氣質佳，人工智能已在其中顯露出積極作用和無窮的潛力。無論是促進傳統經濟的轉型升級，還是催生新產業、新業態、新技術，推動高水準全球化進程，人工智能都發揮著重大的建設性作用。同時，人工智能也是促進經濟增長動力由要素、投資驅動轉向創新驅動，經濟發展方式由速度規模型轉向質量效率型的關鍵要素。人工智能技術作為一種新型技術，它對於新時代下的經濟而言既是機遇也是挑戰，因此，「有力市場」和「有為政府」要共同致力於人工智能技術，使其發揮「正效應」，合理規避「負效應」。只要我們順應當今新技術的發展態勢，相信人工智能必將為新時代中國特色社會主義經濟發展提供強有力的槓桿，進而為整個中華民族偉大復興進程按下「快捷鍵」。

第二章　人工智能與中國經濟改革效應

　　人工智能是新一輪科技革命和產業變革的重要驅動力量,加快發展新一代人工智能是事關中國能否抓住新一輪科技革命和產業變革機遇的戰略問題。要深刻認識加快發展新一代人工智能的重大意義,加強領導,做好規劃,明確任務,夯實基礎,促進其同經濟社會發展的深度融合,推動中國新一代人工智能健康發展。

　　人工智能是引領這一輪科技革命和產業變革的戰略性技術,具有溢出帶動性很強的「頭雁」效應。在移動互聯網、大數據、超級計算、傳感網、腦科學等新理論新技術的驅動下,人工智能加速發展,呈現出深度學習、跨界融合、人機協同、群智開放、自主操控等新特徵,正在對經濟發展、社會進步、國際政治經濟格局等方面產生重大而深遠的影響。加快發展新一代人工智能是我們贏得全球科技競爭主動權的重要戰略抓手,是推動中國科技實現跨越發展、產業優化升級、生產力整體躍升的重要戰略資源。

第一節　人工智能與經濟社會影響

人工智能具有多學科綜合、高度複雜的特徵。我們必須加強研判，統籌謀劃，協同創新，穩步推進，把增強原創能力作為重點，以關鍵核心技術為主攻方向，夯實新一代人工智能發展的基礎。要加強基礎理論研究，支持科學家勇闖人工智能科技前沿的「無人區」，努力在人工智能發展方向和理論、方法、工具、系統等方面取得變革性、顛覆性突破，確保中國在人工智能這個重要領域的理論研究走在時代的前面、關鍵核心技術占領制高點。要主攻關鍵核心技術，以問題為導向，全面增強人工智能科技創新能力，加快建立新一代人工智能關鍵共性技術體系，在短板上抓緊佈局，確保人工智能關鍵核心技術牢牢掌握在自己手裡。要強化科技應用開發，緊緊圍繞經濟社會發展需求，充分發揮中國海量數據和巨大市場應用規模優勢，堅持需求導向、市場倒逼的科技發展路徑，積極培育人工智能創新產品和服務，推進人工智能技術產業化，形成科技創新和產業應用互相促進的良好發展局面。要加強人才隊伍建設，以更大的決心、更有力的措施，打造多種形式的高層次人才培養平臺，加強後備人才培養力度，為科技和產業發展提供更加充分的人才支撐。

一、人工智能與經濟社會影響

中國經濟已由高速增長階段轉向高質量發展階段，正處在轉變發展方式、優化經濟結構、轉換增長動力的攻關期，迫切需要新一代人工智能等重大創新增添動力和活力。我們要深入把握新一代人工智能發

展的特點,加強人工智能和產業發展融合,為高質量發展提供新動能。要圍繞建設現代化經濟體系,以供給側結構性改革為主線,把握數字化、網路化、智能化融合發展契機,在質量變革、效率變革、動力變革中發揮人工智能作用,提高全要素生產率。要培育具有重大引領帶動作用的人工智能企業和產業,構建數據驅動、人機協同、跨界融合、共創分享的智能經濟形態。要發揮人工智能在產業升級、產品開發、服務創新等方面的技術優勢,促進人工智能同一、二、三產業深度融合,以人工智能技術推動各產業變革,在中高端消費、創新引領、綠色低碳、共享經濟、現代供應鏈、人力資本服務等領域培育新增長點、形成新動能。要推動智能化信息基礎設施建設,提升傳統基礎設施智能化水準,建成適應智能經濟、智能社會需要的基礎設施體系。

　　加強人工智能同保障和改善民生的結合,從保障和改善民生、為人民創造美好生活的需要出發,推動人工智能在人們日常工作、學習、生活中的深度運用,創造更加智能的工作方式和生活方式。要抓住民生領域的突出矛盾和難點,加強人工智能在教育、醫療衛生、體育、住房、交通、助殘養老、家政服務等領域的深度應用,創新智能服務體系。要加強人工智能同社會治理的結合,開發適用於政府服務和決策的人工智能系統,加強政務信息資源整合和公共需求精準預測,推進智慧城市建設,促進人工智能在公共安全領域的深度應用,加強生態領域人工智能運用,運用人工智能提高公共服務和社會治理水準。要加強人工智能發展的潛在風險研判和防範,維護人民利益和國家安全,確保人工智能安全、可靠、可控。要整合多學科力量,加強人工智能相關法律、倫理、社會問題研究,建立健全保障人工智能健康發展的法律法規、制度體系、倫理道德。各級領導幹部要努力學習科技前沿知識,把握人工智能發展規律和特點,加強統籌協調,加大政策支持,形成工作合力。

二、人工智能對保障和改善民生的突出影響

貧富差距、收入差異是保障和改善民生的一個突出矛盾和難點，也是習近平新時代中國特色社會主義非常關注的一個重要問題。新時代下，人工智能是否可以讓中國變得更好？是否推動了中國特色社會主義的發展？人工智能的時代，是否會將社會財富進行再分配，由此來解決社會的貧富差距呢？

可以從人工智能對新時代中國特色社會主義收入差距的正負兩方面影響來分析。

（一）人工智能對縮小收入差距的消極影響

（1）人工智能將使很多現有工種的從業者下崗失業。人工智能的到來將加大貧富差距，迫使政府對這些下崗失業的工人進行福利補貼。尤其是，中國作為人工智能的主導者，將不得不補貼其他國家的失業工人。

（2）人工智能使得中低收入群體的收入進一步降低。由於眾多常規的手動及認知類工作被人工智能所替代，而原先這些重複性工作大多由中等工資水準的工人承擔，因此，人工智能的導入將使中等收入階層人數減少。並且，如果這些被替代的勞動者不能及時適應就業市場的結構變化，則將具有極大的可能性向低收入層級轉移，進而擴大收入分配差距，甚至加劇貧富兩極分化趨勢。

所以，人工智能技術發展帶來的威脅主要影響低收入、低技能及低教育程度的工人，自動化將繼續對這一群體的工資水準構成下行壓力，加劇收入不平等。

（3）人工智能技術資源壟斷將會加劇貧富差距。由於信息技術市場「贏家通吃」的特點，意味著只有少數人可能主導市場並從技術發展

中獲益。如果人工智能技術資源被少數的企業或小部分市場獨占而壟斷,由此帶來的勞動生產率提升不能轉化為工資水準的增長,那麼人工智能帶來的巨大經濟效益將僅會大幅度增加較少人的收入,並進一步導致競爭弱化,拉大收入差距。

(二)人工智能對縮小收入差距的積極影響

如果將目光放得更長遠一些,科技進步必然促進社會的進步,在習近平新時代中國特色社會主義思想的引領下,對人工智能進行合理的引導,促進行業的健康發展,會改進社會群體的收入結構,形成新的、平衡的收入體系。

(1)人工智能對勞動生產率的提升及對勞動能力具有增強效應。通過人工智能技術替代大量可自動執行的常規且具有重複性、程序性的工作,使工人們更有效地利用時間,並將時間用於更加體現創造性的工作之中。

人工智能技術可以成為工人的有利輔助,使工人能夠突破人體及能力的極限,進而創造更大的價值。並且由於人工智能的智能性,相比於人而言更不容易出錯,和人類一起工作可以極大地提高效率。

(2)人工智能能改變就業市場結構,在一定程度上可控制收入差距的拉大。人工智能作為新一輪科技革命和產業變革的重要驅動力量和戰略性技術,具有溢出帶動性很強的「頭雁」效應。可以確信,人工智能技術的引入,一定會為中國創造更多的財富。

隨著人工智能技術的日益成熟和普遍,就業市場結構將發生深刻轉變,智能化且具有創新性的就業崗位將會大幅增加,這就為許多中低收入群體提供了一個非常良性的發展平臺,使他們的工作性質發生變化,得以用複雜的腦力勞動替代原先傳統的簡單體力勞動,創造出更大的價值,增加收入,累積更多的財富,進而縮小了這些中低收入群體與

高收入群體間的收入差距。

（3）人工智能將使社會總體福利增加，提高社會經濟水準。約40%的消費者認為人工智能將改善客戶服務，傳遞出消費者的積極信號，並顯示出人們對人工智能的信任。它還可以降低營運成本，從而讓消費者消費更便宜而且質量更好的產品，也可以為公司帶來更多的利潤，產生更多的稅收，而這些稅收就可以用來為公民提供更好的福利。並且，那些擁有這些人工智能技術的企業以及人員，可以通過這些人工智能技術分析和瞭解市場動態，把握住市場走向，更好地瞭解廣大用戶的需求。

所以，從社會總體角度出發，所有人都可以平等地享受人工智能的優秀成果，享受人工智能技術帶來的便捷性。惠及大眾的人工智能，可增加社會總體福利，提高了社會的普遍經濟水準，更好地縮小人們之間的收入水準差距。

三、推動人工智能的多樣性發展

在習近平新時代中國特色社會主義思想的引領下，合理引入和發展人工智能，帶動整個社會的平等性，一定會在很大程度上緩解收入不均、貧富差距問題。人工智能的多樣性發展，同時推動習近平新時代中國特色社會主義理論的發展。為此，我們應採取以下必要的措施：

（一）強化社會保障

通過完善失業保險、再就業援助、困難家庭救濟及醫療補助等制度，為勞動者提供基本保障。針對失業人員的困難等級，設計不同的社會保險費率。對就業困難人員提供靈活的失業保險補貼，使其可以實現從失業到再就業期間的平穩過渡。

(二)著力促進就業

人工智能帶來的技術衝擊使就業結構發生深刻變化,進而對勞動者的技能提出了新的要求。根據勞動力再生產理論,有必要向勞動者提供必要的學習資源,即培訓和教育費用,以幫助其提升技能、適應就業市場的新要求。因此,政府可以免費向勞動者提供相關的勞動技能培訓,建立職業培訓與終生學習體系。

此外,還應向勞動者提供空缺職位信息與就業諮詢服務,幫助勞動者與空缺崗位實現高效匹配以促進就業。

(三)調節收入分配

政府可通過稅收與轉移支付縮小收入分配差距,轉移支付的對象顯然應是受到技術衝擊而導致收入降低的群體。而稅收的來源卻可因課稅對象的不同而主要分為兩種:第一種是針對企業的經營活動徵收「機器人稅」或「數碼事業稅」;第二種是針對企業或個人的收入徵收所得稅。顯然,前者較之後者對人工智能引入的影響更為直接,有可能抑制人工智能的發展。因此,以收入所得稅作為基礎進行調節更具可行性。

此外,政府還可通過實行稅收補貼政策,鼓勵企業發展人工智能技術,通過在人工智能行業引入競爭機制,以促進人工智能技術擴散。

第二節　人工智能與社會技術效應

2016年3月9日至15日在韓國首爾舉行的一場圍棋比賽吸引了全世界的目光,人工智能機器人AlphaGo以總比分4比1戰勝人類九段棋手李世石,從此「人工智能」這個名詞進入了人們的視野。以信息

技術為代表的新一輪科技革命風起雲湧，特別是在互聯網、物聯網、大數據、理論算法等相關技術的推動演進下，人類已經逐漸進入一個人工智能時代。習近平總書記在黨的十九大報告中指出：要「加快建設製造強國，加快發展先進製造業，推動互聯網、大數據、人工智能和實體經濟深度融合，在中高端消費、創新引領、綠色低碳、共享經濟、現代供應鏈、人力資本服務等領域培育新增長點，形成新動能」；要「建設科技強國、質量強國、航天強國、網路強國、交通強國、數字中國、智慧社會」。人工智能的發展給國家治理、政府治理、社會治理、市場治理帶來巨大的影響。在人工智能時代，需要把握住人工智能帶來的機會，也需要警惕隨之而來的挑戰，更要做好相應的應對措施。

人工智能（Artificial Intelligence，簡稱 AI）是由「人工」與「智能」組成的，它是計算機科學的一個分支，是計算機科學技術的前沿領域。人工智能是採用「人工」的方法和技術，通過研製智能機器或智能系統來模仿、延伸和擴張人類某些智能思維，從而實現智能行為。換而言之，人工智能就是讓計算機為人類做各種各樣的事情。

進入 20 世紀後，人工智能領域創新工作才算真正開始。英國數學家圖靈（Turing）先後提出了圖靈機模型、數字計算機的設計思想以及「機器能夠思維」的觀點，這些研究成果為人工智能技術的發展應用與研究奠定了不可替代的基礎。「人工智能」作為一個專業術語，可以追溯到 20 世紀 50 年代。1956 年夏季，在美國新罕布什爾州的達特茅斯學院，由麥卡錫、明斯基、羅切斯特和香農四位年輕學者共同發起並組織召開了用機器模擬人類智能的夏季專題討論會。該研討會邀請了包括數學、神經生理學、精神病學、心理學、信息論和計算機科學領域的多名專家學者參加，第一次正式使用了「人工智能（Artificial Intelligence）」作為這門交叉學科的名稱，即「讓機器達到與人類做同樣事情」的能力，

將這門學科定義為製造智能機器的科學與工程。

根據人工智能技術發展與應用的現狀,業界通常把人工智能技術發展分為弱人工智能、強人工智能、超人工智能三個階段。弱人工智能是擅長某一方面技術的人工智能,如「智能掃地機器人」只能機械地掃地,卻不會進行其他複雜的智力活動。強人工智能指機器本身不僅是一種工具,而且本身擁有多元思維,是在各方面思維和能力均可與人類比肩的人工智能。所謂超人工智能是指機器的功能幾乎在所有領域的認知表現均遠超人類,它不但能夠進行系統周密的精算超算、科學創造,具有通識,甚至掌握人類所能涉及的一切社會生活、社交能力技巧與藝術。

本次人工智能熱潮的興起由大數據、機器學習、高速網路、資本市場等多重因素共同推動,呈現出跨界融合、人機協同、自主操控等特點。在人工智能背景下,傳統製造業面臨更加嚴峻的挑戰,廉價勞動力競爭優勢日漸式微,低端重複投入無法占據市場先機,消費者的多元異質需求、彈性定制偏好等,都在加速並鞏固互聯網連接市場的中心地位。自動化技術與互聯網、物聯網、雲計算、大數據技術進一步融合,使得以工業互聯網為代表的智能製造效用突顯,提升了市場競爭力與技術貢獻度。同時,人工智能打造的研產銷平臺,能夠對客戶需求和潛在市場進行挖掘,並對消費者行為習慣加以分析,使互聯網成為探知需求、延伸服務和推動創新的策源地,助力企業不斷革新產品、有針對性地優化服務,更加主動地滿足並適應個性化需求,實現產業價值鏈從智能製造到智能服務的躍升。

人工智能已深入人類生活的各個方面,人類社會生活從以人類為中心的一系列行為活動,變為一定領域並不斷擴大的人機合作活動。這一轉變將不再局限於技術、產業層面,從下棋對弈、到談古論今、再到文化作品創作,人類與智能機器的信息交互和共同行為,組成人工智能

泛主體或混合主體，創造出仿真實景、虛擬現實、沉浸式體驗等新型文化產品，並重構文化的生產方式、所有歸屬、交流媒介和評判標準等各個環節。以人工智能為推手的新型文化產品，其創造培育的過程，正在深刻改變文化、教育、傳媒的樣態和質態以及知識的生產傳播。

英國物理學家史蒂芬‧霍金認為：「人工智能技術的應用已經滲透到各個領域，人工智能可幫助人們根除長期存在的社會挑戰，比如疾病和貧困等。」人工智能技術被視為當今新技術革命的領頭羊，智能產品的不斷推出，給人們的工作、生活、學習帶來了眾多的便捷和改變。越來越多的智能設備被人們所使用，人工智能正在逐漸改變我們的生活。近年來，人工智能技術被廣泛應用於各行各業，包括居家生活、教育、購物、醫療等領域。

一、人工智能推動教育職責的改變

教育一直是國家創新和發展的基礎環節。隨著人工智能技術的應用，教育越來越智慧化、智能化、便捷化，學校的職責和作用也隨之發生了較大的變化。有學者認為，15～30年以後，我們在家裡對著電腦（或其他人工智能設備）就能按照自己的進度學習想要掌握的知識，因此學校不再是學習知識的場所，而是提升智慧的教育場所，即變成訓練大家集思廣益的場所，承擔了建立人類與人工智能之間良好關係的責任。在未來的人工智能社會裡，人工智能能解決的問題就應該交給人工智能，而人類需要做的就是負責人工智能無法勝任的工作，比如「判斷狀況」「明白道理」等。因此，培養善於理解判斷的人才是學校更為重要的任務，學校的職責應該由知識教育轉變為智慧教育。也就是說，在人工智能社會，學校的任務主要是培養學生的判斷能力和理解能力，即人工智能最為缺乏的能力，提高學生解決實際問題的能力，使其真正成為

人工智能的主人。

二、人工智能推動醫療行業轉型

醫療保障是檢驗一個國家發展水準的重要標準之一，中國政府一直大力推動醫療體制改革。2017年7月，國務院發布了《新一代人工智能發展規劃》，提出要「把人工智能發展放在國家戰略層面」「推廣應用人工智能治療新模式新手段，建立快速精準的智能醫療體系」。中國人口基數大，醫療資源在地區間分佈嚴重不平衡，這使得人工智能醫療的落地應用變得迫切且必要。人工智能在醫療領域的應用將會給醫療診斷帶來巨大變革。深度學習推動了醫療影像診斷技術的進步，使人工智能醫療診斷系統具有了超越醫生的判斷能力。醫生可能只接觸過數百例患者，但人工智能可以根據數以千萬計的患者數據進行診斷，發現異常的地方再由醫生進行二次確認。這樣一來，即使是針對身患多種疾病、病情複雜的患者，也能以過去數千萬例診斷治療的數據為基礎，找出最佳治療方案。雖然最終決定權還是在醫生手中，但人工智能無疑給醫生提供了極大的幫助。在未來的人工智能社會裡，人工智能醫療診斷系統得以普及，醫生們在診斷方面的能力差別也會逐漸縮小。但是，在感性方面，比如是否擅長與患者溝通等，還是有高下之分的，因此，未來醫生必須提升這些方面的技能以滿足患者的感性需求。

三、人工智能催生新興產業

互聯網、移動互聯網幾乎改變了所有的行業，許多工作也被取代，但也開拓了很多新職業，創造了很多新崗位。數據顯示，2016年國內互聯網行業從業人數已達1,677.2萬。人工智能時代也將如互聯網時代一樣創造出更多的就業崗位。人工智能的確會替代部分工作，不過

它同時也會創造出很多新的就業機會,創造更多的社會財富。創新工場創始人李開復認為,人工智能的社會意義將超越個人電腦、互聯網、移動互聯網等特定的信息技術,甚至極有可能,在人類發展史上,成為下一次工業革命的核心驅動力。歷史上的每一次工業革命,既會破壞一些就業崗位,也會創造出大量新的崗位。有了拖拉機代替農民耕地,農民可以流動到城市務工;電商衝擊了實體店經濟,但壯大了物流產業,帶來快遞員群體的激增。人工智能首先會推動產業向智能化轉變,未來不少產業領域都將與人工智能技術相結合實現智能化,如智能汽車、智能醫療、基礎設施行業的智能電網、智慧城市和智能家居等;而且人工智能還將引發商業服務創新。由此來看,人工智能將創造兩大類新的就業機會:一方面,研發將成為最普通的工種。今後熱門的職業可能是決策工程師、計算實驗工程師、平行執行工程師、可視化工程師等,就像眼下風風火火的機器學習工程師一樣。隨著人工智能商用層面的不斷推進,會有越來越多精細化的人工智能相關工作出現,比如圖形圖像處理、語言識別等,這些比較依靠腦力的工作會逐漸增多。此外,高級機器管理人員將大量湧現。在一個真正實現人工智能的工作場景中,傳統勞動者並未被驅離,只是改變了角色而已。另一方面,人工智能導致現有產業鏈的顛覆及變革,並將催生新的產業、產品和服務不斷出現,創造出更多新的崗位。

第三節　人工智能與社會發展效應

自 20 世紀末以來,人工智能和機器人發展熱潮逐步顯現,推動信息技術革命不斷地加速深化,引發了全球新一輪技術革命的猜想,並極

有可能成為第四次產業革命的支撐性技術，使技術進步對勞動手段的影響演進到自動化和智能化階段，不僅推動經濟結構、社會結構和人類生活方式發生重大變革，還將對不同國家、不同行業、不同群體的就業產生革命性影響。

本書通過分析人工智能對司法、就業和收入差距的具體影響，並結合當前學者的研究情況提出可行的政策措施，在習近平新時代中國特色社會主義思想的引領下，深刻認識加快發展新一代人工智能的重大意義，加強領導，做好規劃，明確任務，夯實基礎，促進其同經濟社會發展深度融合，對推動中國新一代人工智能健康發展有重大意義。

以人工智能為核心的第四次工業革命逐漸形成，將對社會的各個方面產生較大的衝擊，引發生產方式和產業的變革。因此，中國對人工智能的發展給予了高度的重視，並出抬了一系列文件和政策促進人工智能的健康發展，2017年7月20日，國務院印發了《新一代人工智能發展規劃》。該規劃提出了面向2030年中國新一代人工智能發展的指導思想、戰略目標、重點任務和保障措施，為中國人工智能的進一步加速發展奠定了重要基礎。

2018年10月31日，中共中央政治局就人工智能發展現狀和趨勢舉行第九次集體學習。中共中央總書記習近平在主持學習時強調，人工智能是新一輪科技革命和產業變革的重要驅動力量，是引領這一輪科技革命和產業變革的戰略性技術，具有溢出帶動性很強的「頭雁」效應。加快發展新一代人工智能是事關中國能否抓住新一輪科技革命和產業變革機遇的戰略問題。要深刻認識加快發展新一代人工智能的重大意義，加強領導，做好規劃，明確任務，夯實基礎，促進其同經濟社會發展深度融合，推動中國新一代人工智能健康發展。

在習近平新時代中國特色社會主義的引領下，中國的人工智能穩

步發展,表現出良好的發展態勢。據統計,中國人工智能市場規模增速高於全球增速,預測國內人工智能市場規模在 2020 年將達到 91 億元,年複合增長率約 50%。目前人工智能的行業應用主要有智能醫療、智能金融、智能安防、智能電網、智能家居等。

2006 年 Hinton 提出「深度學習」神經網路,使得人工智能的性能獲得了突破性進展。近年來,隨著深度學習算法的逐步成熟,人工智能相關的應用也在近年加速落地。人工智能的超前性,在給人類社會生活帶來前所未有的衝擊的同時,也伴隨著全新的問題與挑戰,作為一個新興領域,在迅速發展的同時也對中國社會的各個方面產生了不同程度的影響。

一、人工智能對司法的影響

人工智能已成為一種新時代發展的大趨勢,其發展對一個國家和地區產生的影響力和變革力是不可忽視的,而人工智能的不斷發展和創新,在對司法領域產生了巨大的衝擊的同時,也逐漸推進了司法的變革和創新。

據統計,近年來各類案件數量不斷增加,法官人均工作量極大,導致法官人才不斷流失;同時運用司法大數據掃描和分析後發現,冤假錯案或改判和發回重審的案件主要是在證據方面出現了問題,顯然這是因為辦案人員在取證過程中受到能力、個人情感或其他因素的制約,不能保證證據的完全準確。

基於這樣的事實,司法領域對人工智能有著剛性的需求,以法院為代表的司法機關積極推動人工智能與司法體制改革的結合,推進「智慧法院」建設。2018 年 4 月,最高人民法院發布的評價報告和第三方評價報告均顯示,全國「智慧法院」已初步形成。

人工智能與司法的融合,一方面能夠提高司法機關的辦案效率和準確率,另一方面也對該領域造成了極大的衝擊。

首先要提及的就是職業替代危機。人工智能能夠有效地替代重複性的工作,對於初級且重複率高的法律事務處理工作,人工智能與書記員相比,表現出強大的準確性和高效率,這在一定程度上也提高了司法審判和行政工作效率,但書記員職業也因此面臨危機,律師、法官等職業也會受到不同程度的影響。

其次,人工智能算法的機械模式,並不需要辯證性和創造性的推理,更沒有道德情感因素的價值判斷,直接依計算機量刑標準而做出判決,這極大地限制了法官的自由裁量權,同時也壓制了法官的工作積極性。最高人民檢察院檢察技術信息研究中心主任趙志剛表示,目前人工智能機器做出的判斷都是「有罪」,如何進行無罪推定以確保法律公平公正還是一個技術上的難題。

二、人工智能對就業的影響

目前機器人應用已經從最初用來完成枯燥的、危險性等不適宜人類完成的任務拓展到了製造業、服務業、醫療保健、國防以及空間探索等各個領域,對就業的衝擊已經初步顯現。縱觀歷史,每一次工業革命都會引發一輪暫時性的失業,這是由於失業人員的技術、知識、能力等與崗位不相匹配而造成的結構性失業。但根據以往技術進步影響就業的規律,技術進步既會產生就業替代效應,也會產生就業創造效應。

在就業替代方面,技術進步可通過降低勞動強度、提高勞動生產率,減少對勞動力的需求。

(1)一項具有滲透性、顛覆性的創新技術會打破原來的技術結構平衡,短時期內會出現技術結構性失衡,舊的產業迅速衰退,但新的產業

要形成規模、產生就業創造效應尚需時日,此時會導致較為嚴重的就業替代效應。

(2)雖然技術進步既可能創造高技能就業崗位,也可能創造低技能就業崗位,但總體而言是技能偏好型技術進步占優,從而導致對低技能勞動力的就業替代效應。

(3)在就業創造方面,人工智能發展迅猛,急需高端人才,將引發工作技能要求的本質性改變。技術進步提高了勞動生產率,也提高了居民收入,增加了有效需求,這有助於擴大再生產,創造就業機會;新技術的研發、推廣和應用需要大量的技術人員,可以創造大量的就業機會;人工智能和機器人引發新興產業和新型業態,就業創造效應初顯,亟待培育壯大。圍繞機器人技術產生了專業技能培訓、機器人租賃、工作站式機器人或整廠式自動化解決方案提供商等新型服務和業態,不但直接創造了相關工程、金融、租賃、培訓等領域新的就業機會,而且進一步促進了機器人的應用,有助於機器人製造業提高就業吸納能力。一般而言,短期就業替代效應強於就業創造效應,長期則相反。從短期來看,隨著人工智能的發展,會不可避免地對那些單一、繁重的勞動和人工無法處理的精密工作崗位產生不利影響;但從長遠來看,人工智能的出現將改變人們的生活方式,提升工作效率,帶來的正面效應遠超其負面影響。

據埃森哲2017年發布的《人工智能:助力中國經濟增長》研究報告,人工智能到2035年能使中國經濟年均增長率從6.3%提速至7.9%。不過,人工智能新技術是一把「雙刃劍」,在增進生產力和民生福祉的同時,會重構幾乎所有的生產組織方式和行業格局,不可避免地會對國民收入分配格局產生諸多衝擊。

(4)擁有非常規技能的勞動者獲益更多。收入分配不平等是人工

智能等新技術發展的一個顯著影響,人工智能將重塑工作場所的「技能—技術」匹配關係,從而改變不同類型勞動者的技能溢價,導致不同技能者的「工資極化」。一方面,智能化和自動化新技術的廣泛應用將會越來越多地替代常規任務,使得中等技能勞動者面臨著更大的被替代風險;另一方面,新技術會強化對非常規技能的需求,形成良性互補,因而那些擁有非常規技能的勞動者,將從人工智能浪潮中獲益更多。同時,人工智能的導入將使中等收入階層人數減少。如果這些被替代的勞動者不能及時適應就業市場的結構變化,則將具有極大的可能性向低收入層級轉移,進而擴大收入分配差距,甚至加劇兩極分化趨勢。

(5)促使勞動力市場性別工資差距收斂。人工智能將改變傳統的工作模式和工作任務安排,促使勞動力市場性別工資差距收斂。最近十年,勞動力市場出現了一種有趣的現象,即女性在製造業和服務業部門中愈發重要,女性所占工資份額和就業份額均呈現上升趨勢。人工智能新技術的應用,正逐漸改變工廠車間傳統的收入分配模式,男性的運動能力優勢在淡化,女性非常規技能優勢在強化,如溝通協調能力等,從而女性技能回報得以更大幅度地增長,最終結果使得企業內部性別工資差距收斂。

(6)要素回報差異增大。要素回報的差異是造成收入分配差別的最主要原因之一。人工智能作為一種「技術偏向性」的技術,一方面,它的普及將會減少市場上對勞動力的需求,進而降低勞動力的回報率;另一方面,作為一種資本密集型技術,它可以讓資本回報率大為提升。在這兩方面因素的作用下,資本和勞動這兩種要素的回報率差別會繼續擴大,這會引發收入不平等的進一步加劇。隨著工業機器人等價格的下降,包括 AI 等在內的先進機器設備在工廠車間得到越來越多的使用,這有利於生產率提升和產值增長,相應地,「機器換人」所引致的資

本替代勞動現象愈發普遍,使得企業的資本集約度得到顯著提升,從而對勞動收入份額產生重要影響。

第四節　人工智能效應的政策措施

在人工智能時代,無論是勞動者、企業還是政府部門,應在習近平新時代中國特色社會主義思想的引領下,積極探索應對之策,未雨綢繆,盡可能化解人工智能對司法、就業以及收入分配格局等方面的不利衝擊,讓全體人民受益於人工智能技術的發展。

一、人工智能對司法衝擊的應對措施

為積極推進人工智能與司法的融合,充分利用高新技術促進法律系統的完善和創新,有效推進智慧法院建設,面對人工智能對法律的衝擊,應採取積極的應對措施。

(一) 立足人機功能互補,建立人機系統解決方案

現實中的案件情形複雜多變,適用法律的過程本身包含價值判斷的過程,而審判工作需要實踐性的法庭技術操作與複雜的邏輯思維相結合,需要長期法律實踐的累積,抽絲剝繭還原事實真相。人工智能必須借助法官及專家經驗,結合人工智能的模型算法,基於海量數據立足人機功能互補,建立人機系統才能使人工智能的功能得到最大化的發揮。在此意義上,人工智能和法官之間並不存在取代與被取代的關係。實現法院等司法領域的人工智能化,需要投入大量人力、物力、財力進行人工智能研發,需要依靠法官的經驗和智慧,才能建立起新時代的智慧法院。

(二)加強人工智能技術研發,擴大其應用範圍

現階段人工智能識別系統僅支持簡單的語言記錄與輸出,無法對合議庭及法官的交互式討論進行語音識別,同時不支持方言識別。這一技術缺陷限制了人工智能的應用範圍,對此應該大力推動人工智能技術研發,完善人工智能技術。此外,目前成都各級法院使用的網上自助訴訟服務系統並未涉及電子送達、網上調解、網上舉證及質證、網上遠程案件質量評查監督、網上遠程卷宗調閱、網上遠程訊問等領域,而在這些領域應用人工智能系統將進一步提升司法審判工作的智能性,推動智慧法院建設。因此,需要加強技術開發,將人工智能應用於送達、閱卷、調解、舉證及質證、訊問等領域,拓展並完善人工智能在法院等司法領域的應用。

(三)提高大數據信息完整性,構建精準化人工智能辦案系統

人工智能的基礎是海量數據,基於海量數據建立模擬算法,因此人工智能的智能程度取決於數據的準確性和代表性,然而目前對數據的整理與提取,存在急功近利的粗糙現象,串案套改、重複案號、數據冗餘等問題,降低了人工智能的準確性。因此,應該採取科學的態度和手段進行大數據分析,從裁判文書公開網所公布的案例中剔除簡單而不具有數據價值的案例,運用法律知識及統計學方法提取影響案件裁判的因素。同時,整合法院、檢察院和律師事務所等司法領域的各類數據,在現有數據庫信息管理系統的基礎上運用人工智能、專家分析、數據挖掘等新技術對各類數據進行科學的分析提高數據信息的準確性與完整性,從而建立可靠的算法模型,構建精準化人工智能辦案系統。

二、人工智能對就業衝擊的應對措施

中國正處於轉變發展方式、優化經濟結構、轉換增長動力的關鍵時

期,適應人工智能快速發展新形勢,應抓住這一重要歷史機遇,因勢利導,精準施策,推進人工智能等與傳統產業深度融合,在培育壯大新動能進程中,不斷擴大就業規模、提高就業質量。

(一)健全人才培養體系

(1)構建人才培養與產業聯動預警機制。瞄準產業變革發展大數據、雲計算等新興專業,提高計算機等新技術課程在通識課程中的比重。深化校企合作、產教融合,大力發展技工教育,加快推進面向產業變革的新工科建設。

(2)構建落後專業退出機制。加強對高校專業、教師隊伍和課程動態評估,及時減招、停招不適應技術革命和產業變革要求的專業,調整不適應新技術、新產業、新業態教學要求的教師,促進教育資源優化配置。

(3)構建終生學習長效機制。加快建立學分累積與轉換制度,暢通在職人員繼續教育與終生學習通道。大力發展網路學習平臺,建立專業目錄動態調整機制,滿足多樣化學習需求。

(二)系統佈局人工智能技術,主動調節就業市場

如果僅靠市場調節,就業數量、就業結構、就業收入只能隨著技術進步的週期波動而變動,很難避免失業、收入差距逐漸拉大狀況的出現。政府應將人工智能作為一項戰略性技術,進行系統佈局,主動謀劃,更好地發揮政府在規劃、引導、調節等方面的重要作用,防止排斥大量低技能勞動力,遏制嚴峻的收入不公現象進一步惡化。

(三)健全就業保障機制

人工智能對就業的衝擊加速了知識技能的更新速度和勞動力市場的流動性,離職、離崗、轉行、再就業成為常態。因此,要完善勞動者權益保護制度,維護合法的勞動權益,營造公平的就業環境;定期準確統

計失業人數,運用「互聯網+就業」新模式,提供離崗後的再就業及創業服務和指導,健全適應智能經濟和智能社會需要的終生學習和就業培訓體系,確保因人工智能失業人員順利轉崗,降低失業率;充分發揮就業服務和失業保險制度促進就業和預防失業的功能,擴大失業保險基金促進就業服務發展的範圍,縮短失業保險金的給付期限,對技術性失業人員進行就業、創業、生活、技能提升補貼等。

三、人工智能對收入分配衝擊的應對措施

人工智能對於非常規技能勞動者是一種福音,但常規技能者則不得不面臨被替代的風險。在人工智能時代,無論是勞動者、企業還是政府部門,應積極探索應對之策,未雨綢繆,盡可能化解人工智能對收入分配格局的不利衝擊,讓勞動者更好受益於人工智能技術的發展。

(一)建立平衡效率與公平的動態長效機制

(1)對於置身於人工智能浪潮中的勞動者個人而言,應不斷地自覺更新和提升自己的工作技能,尤其是關於非常規認知與交際協調技能的培養。同時,在整個職業生涯中,勞動者應努力形成終生學習的自覺性,以更好地適應新技術變化的需要。

(2)對於企業而言,應為員工提供更多的職業教育和技能培訓的機會,從而促使企業內部形成良好的「技術—技能」的匹配關係。

(3)對於政府部門而言,應充分重視人工智能可能引致的收入不平等和國民分配格局失衡現象,通過社會保障和再分配政策,建立長效機制,努力實現技術進步與收益分配、效率與公平之間的動態平衡。

(二)創新收入分配制度

從長遠來看,中國當前的收入分配制度並不能有效緩解人工智能發展所導致的失業與收入分化加劇趨勢,因此,社會分配制度仍需要進

一步創新。

（1）進一步發展和廣泛應用人工智能，以促進經濟生產的智能化，進而提高生產力水準，創造更多的物質財富，為收入分配制度的創新奠定堅實的物質基礎。

（2）堅持共同富裕的根本目標，避免社會陷入科技與資本寡頭佔有絕大部分新增財富而重蹈社會分裂覆轍。

（3）努力實現分配正義，平等地對待每個成員，給其應得的收入，特別是確保其獲得與公共自然資源份額相應的應得收入。

（4）形成以政府再分配為主體，市場分配與社會第三次分配相配合的收入分配制度結構。

在未來，人工智能等新技術將會得到更廣泛的推廣和普及，其對人類生產生活帶來的影響也將是深遠的。無論是政府部門、企業，還是行業工作者，都應清楚人工智能等新技術的發展給就業和收入分配帶來的負面影響，集全社會的力量共同來應對和解決以上問題，使人工智能等新技術和勞動力市場協同發展。

第三章　人工智能與中國經濟社會發展

　　人工智能通過對人的意識和思維進行模擬、延伸和拓展來解決各種需要人類智能的複雜工作。人工智能的發展與計算機科學行業的發展密切相關,但是在應用方面,它既有具體的應用行業,又可以與其他行業相結合,實現完美組合。可以說,人工智能對生產力有很大的促進作用。第四次工業革命,是以人工智能、清潔能源、機器人技術、量子信息技術、虛擬現實以及生物技術為主的全新技術革命,人工智能在第四次工業革命佔有重要地位,也給中國經濟和社會帶來極大的影響。

第一節　人工智能引發的經濟社會問題

　　當前,人工智能已經逐漸應用於生產、生活和工作的眾多領域,諸如家具、零售、交通、醫療、教育、物流、安防等領域都能見到人工智能的廣泛應用,具體有機器視覺、指紋識別、人臉識別、視網膜識別、虹膜識別、掌紋識別、專家系統、自動規劃、智能搜索、定理證明、博弈、自動程序設計、智能控制、機器人學、語言和圖像理解、遺傳編程等。
　　關於人工智能的進化之路,一般意義上我們將其劃分為三個階段,

分別為弱人工智能、強人工智能和超人工智能。

弱人工智能只專注於完成某個特定的任務,例如語音識別、圖像識別和翻譯,是擅長於單個方面的人工智能。它們只是用於解決特定的具體類的任務問題而存在,大都是統計數據,以此從中歸納出模型。由於弱人工智能只能處理較為單一的問題,且發展程度並沒有達到模擬人腦思維的程度,所以弱人工智能仍然屬於「工具」的範疇,與傳統的「產品」在本質上並無區別。

強人工智能屬於人類級別的人工智能,在各方面都能與人類比肩,人類能幹的腦力活它都能勝任。它能夠進行思考、計劃、解決問題、抽象思維、理解複雜理念、快速學習和從經驗中學習等操作,並且和人類一樣得心應手。

牛津哲學家 Nick bostrom 把超人工智能定義為「在幾乎所有領域都比最聰明的人類大腦都聰明很多,包括科學創新、通識和社交技能」。在超人工智能階段,人工智能已經跨過「奇點」,其計算和思維能力已經遠超人腦。此時的人工智能已經不是人類可以理解和想像的。人工智能將打破人腦受到的維度限制,其所觀察和思考的內容,人腦已經無法理解,在人工智能影響下,現有社會將發生徹底變革。而其對未來社會的運行機制以及主體對象的衝擊是需要提前進行認真謀劃的。

中國目前在人工智能方面已取得了顯著的成就。據報導,全球人工智能支出到 2020 年或將達到 2,758 億元,中國人工智能技術支出到 2020 年將達到 325 億元,占全球整體支出的約 12%,截至 2017 年年底,中國的人工智能企業占據全球的 23%,排名第二;中國對人工智能領域投資風險資金達 635 億元。總體而言,中國在人工智能領域位於全球前列,但中國在企業數量、創新成果、人才數量、投資規模與美國相比都有較大的差距。中國應繼續加大在高新技術方面的研發,為經濟發展

提供加速度,從而實現國家富強和人民幸福。

現在主要的文獻研究對人工智能帶來的社會問題,基本都圍繞著人工智能會使社會貧富差距拉大,並引發失業,以至於未來人的主體地位可能會喪失等問題上。當社會不再是以按勞分配為主體,社會生產分配會更偏向於巨額資本或者提高全要素生產率的知識的時候,會有工人失業;擁有高新技術的企業或者國家也會獲得大量的利潤,收入差距也會進一步擴大;對於未來,人們可能不僅僅擔憂工作和收入,還會恐懼擁有高智慧的機器人會取代人類在社會中的主體地位。從根本上講,這是對受人工智能影響下中國分配關係的擔憂。所以,我們需要回顧中國目前的分配制度,來進一步分析人工智能帶來的社會問題,然後研究制定應對政策。

分配制度是勞動產品在社會主體中如何分割、配給的制度總稱。有按勞分配、按資分配、按需分配以及多種分配方式並存的分配制度。中國目前實行按勞分配為主體、多種分配方式並存的制度,把按勞分配和按生產要素分配結合起來,可以調動各方面的積極性,促進經濟效率的提高,推動生產力的發展,同時也是發展社會主義市場經濟的客觀要求。決定中國現階段的分配結構的因素為:中國社會主義初級階段的生產資料所有制結構、社會主義初級階段生產力的發展水準和社會主義社會人們勞動差別的存在。

中國目前分配制度中主體是按勞分配,具體表現在:一是全社會範圍的收入分配中,按勞分配占最大比重,對收入分配起主要作用;二是公有制經濟範圍內勞動者總收入中,按勞分配收入是最主要的收入來源。按勞分配與按勞動要素分配不同,按勞分配只能在社會主義公有制範圍內分配。以按勞分配為主體、多種分配方式並存的分配制度實質上反應出勞動、管理、資本、技術、土地等各種生產要素,都按貢獻參

與了收益分配。其中按勞分配為主體反應了勞動要素是各種生產要素中最受重視的部分。這客觀反應了中國的社會主義公有制的性質。

馬克思當時設想的按勞分配，是在社會統一佔有生產資料和不存在商品貨幣關係的條件下實行的。但在社會主義初級階段，公有制還不可能在全社會範圍內實現，公有制還有多種經濟形式和多種實現形式，社會主義市場經濟是公有制基礎上的商品經濟，實行社會主義市場經濟體制。實現社會主義市場經濟體制需要相應的分配制度來支持分配，這對於生產和消費都有正向作用。

總之，作為社會主義初級階段個人收入分配主體形式的按勞分配，它的實現是同所有制關係以及市場經濟規律密切聯繫的，它作用的範圍、實現形式和實現程度不但受公有制成熟程度的制約及市場機制和市場規律的制約，也受社會經濟發展程度的影響。

如今人工智能的發展，已經對社會生產生活產生了較大影響，但社會經濟水準還沒有發展到很發達的地步，中國人民還需要通過工作來實現個人財富增加，國家還需要人民的工作來實現經濟增長。那麼人工智能就會衝擊中國現有的個人工作狀態和社會生活的結構，從而會引發一系列社會問題，這些問題需要我們提前分析並提供解決思路。

人工智能導致的失業崗位和創造的新崗位的比重哪個更占優？一方面，按照世界銀行發布的最新世界報告顯示，人工智能等高新技術的發展，會使得崗位的淨增加量為正，所以我們不需要過度恐慌。但不可否認的是，會有大量的在崗工人面臨失業的風險，社會不穩定因素增加，而且人們學習和掌握的工作技能知識也可能會沒有用武之地，大學生的「沒就業就已經失業」的問題也值得我們重視。另一方面，人工智能代表新興的科學技術，會引領新一輪的工業革命，所以會對經濟增長有很大的正向促進作用。這是經濟發展與社會民生的矛盾。如何在不

影響經濟發展的情況下促進社會民生進步,使人民安居樂業呢?

擁有人工智能前沿技術的企業技術工程師可以獲得很可觀的收入,而處於產業鏈低端企業的工人,其生活質量和工作環境不容樂觀。這可能會帶來收入差距的進一步的擴大。人工智能技術快速發展,可能會導致社會結構的洗牌,貧富分化加劇。由此工人的生存空間不斷被壓縮,使得他們社會福利更低,甚至失去工作。然而,這種轉變將為開發人工智能以及運用人工智能的企業帶來大量利潤。說明人工智能帶來的社會收入差距擴大的問題不容小覷。目前中國本來就在世界上屬於貧富差距過大的國家之一,所以我們應該努力使人工智能代表的高新技術帶來的效益縮小我們社會的收入差距,由此對中國的脫貧攻堅戰的順利完成也會有很大的促進作用。

在未來我們會不會喪失在社會中的主體地位呢?由於未來社會形態隨著人工智能的不斷發展,未來的社會結構必然會有重大變革,此時機器人擁有的智慧或許已經不是人類可以比肩的,那如何能讓其對人類社會有更好的服務,而不是與人類發生矛盾。我們就需要思考人類與機器的關係,或者說思考人民在社會中的主體地位。中國共產黨十分重視人民的主體地位,中國特色社會主義理論對這個問題也有相應的建設性意見。中國特色社會主義理論對人民群眾地位的論述可以用四個字概括:以人為本。中國以經濟建設為中心和中國社會的主要矛盾的轉化的目的都是為了人民。

對人工智能相關消極社會影響的解決方法,筆者認為可以從中國特色社會主義理論中找到指導思想和解決思路。故本書的解決方法更偏向於理論,更注重從宏觀層面對人工智能帶來的相關社會問題的解決方案進行思考。力求能對以後的相關研究能有一定的借鑑意義。

首先需要明確的是發展的根本目的是增進民生福祉。堅持中國特

色社會主義理論,促進人工智能朝有利於社會發展的方向發展,消除其帶來的不利影響。在中國特色社會主義理論中的社會建設部分,對民生問題和發展有一個比較明確的闡述。抓民生也是抓發展。經濟發展是前提,離開經濟發展,討論改善民生是無源之水、無本之木。民生是做好經濟社會發展工作的「指南針」,持續不斷改善民生,能有效解決民眾的後顧之憂,調動人們發展生產的積極性,又能釋放居民消費潛力,拉動內需,催生新的經濟增長點,為經濟發展、轉型升級提供強大的內生動力。因此,既要通過發展經濟,為持續改善民生奠定堅實的物質基礎,又要通過持續不斷改善民生,為經濟發展創造更多的有效需求,實現兩者良性循環。中國特色社會主義理論體系的主題是發展,社會主義的根本任務是解放和發展社會生產力。而人工智能可極大地促進社會的發展,兩者在發展的問題上是契合的。經濟得到長足的發展,人民的生活水準才能得到根本的提高,所以兩者存在的矛盾是可以解決的。

我們需要提前預測人工智能對當代中國勞動力供給的影響。理論及實踐說明,人工智能的巨大作用已逐漸呈現,它對中國勞動力人口的供給影響深遠。從目前中國的情況而言,人工智能發展十分迅速,其影響的擴散也十分迅速。要正確、精準地解決中國就業、失業問題並完成中國勞動力供給的相關任務,就必須深入瞭解人工智能發展並做好其影響的預測。借用人工智能發展的契機,努力提供高質量就業,這不僅對勞動力人口的生活水準有促進作用,對中國經濟發展也有很大的正面影響。根據馬克思主義的經濟理論,在三大產業內部及三大產業之間對人工智能進行合理配置,使人工智能相關的資源結構優化,提高社會生產效率,使三大產業的資本有機構成呈現最佳狀態,以便更好地為中國勞動力的供給改革服務。

我們需要堅定習近平新時代中國特色社會主義思想理論中的共享

理論。人工智能的發展也為推動全民共享提供機會。具體而言,「分享經濟」是在「流通領域」,「雙創」是在「生產領域」,「全民基本收入」相關的社會福利制度是在「二次分配領域」。推進全面共享原則對於化解當前諸多社會問題、解決發展中的矛盾、推動經濟發展等有重要意義。全面實施共享原則不僅具有當前意義,而且還具有未來意義。在市場框架下推動全民共享漸進提升,既要在初次分配中逐步使利潤由按資分配向按勞分配漸進偏移,又要在二次分配中逐步推進全面共享,使按需分配由生存資料向享受資料、發展資料漸進提升,這將有助於我們搶占當今包括人工智能在內的新技術或新生產力發展的制高點,並為每個人自由全面發展創造越來越充足的條件。

站在國家層面上,政府需要堅持創新驅動、質量優先、綠色發展、結構優化、人才為本。人工智能代表著科學創新,所以我們堅持把創新擺在製造業發展全局的核心位置,走創新驅動的發展道路。我們不能因為其有負面影響而猶豫不決,放棄與其他國家在高新技術上的競爭。我們應該堅定不移的實施科教興國戰略,建設創新驅動型國家,加快中國產業轉型升級。具體而言,加快建設製造強國的主要任務,主要有五點:培育壯大新興產業,提升裝備製造競爭力,加快發展現代服務業,大力推進智能製造,培育世界級先進製造業集群。

結合當代中國發展現狀,站在習近平新時代中國特色社會主義思想的層面可以更好地去為解決人工智能社會問題提供思路。習近平同志在發展的宏觀問題方面對中國特色社會主義理論體系進行了重要的豐富和完善,可概括為「三個目標」「四個自信」「四個全面」「五大理念」。即實現民族復興「中國夢」的總目標、「兩個一百年」中期目標與完善和發展中國特色社會主義制度,推進國家治理體系和治理能力現代化的改革發展目標;堅持道路自信、理論自信、制度自信、文化自信的

「四個自信」；以全面建成小康社會、全面深化改革、全面依法治國、全面從嚴治黨為內容的「四個全面」戰略佈局；推進創新、協調、綠色、開放、共享的「五大發展理念」。中國特色社會主義的發展所涉及的領域都離不開人工智能的參與，比如治理能力現代化、依法治國、創新共享等的實現都需要人工智能的助力。通過使用人工智能，可以極大地減少社會治理成本，提高市場運行效率。從這一點而言，人工智能對社會帶來的正面效應是巨大的。所以我們的解決思路應該積極擴大正面效應，消除其副作用。堅持科技引領、系統佈局、市場主導、開源開放等基本原則，以加快人工智能與經濟、社會、國防深度融合為主線，以提升新一代人工智能科技創新能力為主攻方向，構建開放協同的人工智能科技創新體系，把握人工智能技術屬性和社會屬性高度融合的特徵，堅持人工智能研發攻關，產品應用和產業培育「三位一體」推進，全面支撐科技、經濟、社會發展和國家安全。

第二節　人工智能如何影響經濟社會

　　馬克思明確說過，社會主義必須建立在比資本主義更高的社會生產力之上。當前最適合社會化大生產的組織方式不可能是已經消失掉的計劃經濟，而仍然是資本主義市場經濟和社會主義市場經濟。與此同時，隨著機器人被廣泛應用於製造業，勞動生產率不斷提高，在可預見的將來將大範圍取代人類從事一線勞動。這時的資本的有機構成不斷提高，甚至在一些行業和領域，資本的有機構成將接近100%，表現為生產資料與工人的對立的消失。機器人取代人類一線勞動，將使社會生產效率極大提高，產品極大豐富，並且機器人不存在工作態度和紀律

的監督、激勵的問題,人類的社會化大生產因為生產力的極大發展已經足以應對任何的短缺的時候,將不再需要資本家和市場經濟來調節和組織社會生產,資本、資本家與市場經濟將變得多餘而退出歷史舞臺。人工智能的普遍實現,人類生產及生產資料將走向聯合和共有,並將走向計劃經濟與按需分配相結合的社會主義新時代。

一、人工智能引發的數字經濟轉型

當今第三次工業革命以人工智能等為代表的極致技術及其引發的數字經濟轉型,對全球社會的一個巨大衝擊是將產生越來越多的失業人口,如何安頓這些失業人口,正在成為全球社會在未來一個很長時期內面臨的日益嚴峻的問題——而谷歌公司製造的有關人工智能阿爾法狗,以及其他互聯網公司製造的有關智能機器人等方面的種種噱頭,在賺足眼球的同時轉移了人們的目光,使人們忽視了更為嚴峻而迫切的問題:在人工智能發展到能控制乃至毀滅人類之前,其所產生的越來越多的失業人口將對全球社會形成越來越劇烈的衝擊。在大眾傳媒上喧囂的有關人工智能的種種噱頭背後,國際學界已開始嚴肅的探討,其中所謂「全民基本收入」就是應對人工智能衝擊的一種重要方案,而習近平新時代中國特色社會主義思想之共享發展論則為此提供了更富中國智慧和遠見的中國方案,為我們探討當今人工智能時代的問題提供了重要指南。

黨的十九大報告指出:「中國特色社會主義進入新時代,意味著近代以來久經磨難的中華民族將迎來從站起來、富起來到強起來的偉大飛躍,迎來了實現中華民族偉大復興的光明前景;意味著科學社會主義在21世紀的中國煥發出強大生機活力,在世界上高高舉起了中國特色社會主義偉大旗幟;意味著中國特色社會主義道路、理論、制度、文化不

斷發展,拓展了發展中國家走向現代化的途徑,給世界上那些既希望加快發展又希望保持自身獨立性的國家和民族提供了全新選擇,為解決人類問題貢獻了中國智慧和中國方案。」中國特色社會主義進入新時代,不僅具有本土意義,而且也有極其重大的世界意義;由此形成的習近平新時代中國特色社會主義思想,不僅貢獻瞭解決中國問題的方案,而且也為解決當今人類問題貢獻了中國智慧和中國方案。

　　隨著中國人口老齡化日益嚴重,生產力的提升刻不容緩,人工智能正是加快生產力增長的重要機遇。然而,政策制定者還應考慮到它可能對勞動力市場產生的震盪。在過去數十年,中國因「人口紅利」受益良多,勞動力的擴張大大促進了經濟增長。但人口老齡化正使中國逐漸失去這一推動力。這一人口結構變化趨勢意味著在當前生產力水準的基礎上,中國將缺乏足夠的勞動力來維持其經濟增長。拉動經濟增長唯一可行的方式就是大幅推動生產率增長。人工智能有助於實現這個目標。通過輔助或替代人類勞動,人工智能系統能夠更有效率地完成現有工作,從而提升生產力。人工智能應用還能通過預測故障、找出瓶頸,以及自動化流程和決策創造出巨大的經濟效益。

　　除了提升生產力之外,人工智能技術的不斷發展也將創造新的產品和服務,提供新的崗位和業務。就在幾十年前,還沒有人會想到互聯網經濟催生的新職業,而人工智能也將帶來相似的變革。人工智能有大幅提升生產力的潛力,但代價可能是收入差距的進一步拉大。總而言之,人工智能將推動形成所謂的「技能偏好型科技變革」——即數字技能將特別受到重視,而對中低端技能勞動力的需求將嚴重縮小。

　　總體而言,中國目前從事可自動化工作的勞動力人口超過其他國家。麥肯錫全球研究院預測中國51%的工作內容有自動化潛力,這將對相當於3.94億全職人力工時形成衝擊。由重複性工作內容和可預

測的工作任務構成的職位尤其容易被人工智能取代。根據成本效益分析,中等技能工人將首當其衝,而低收入崗位則可能存在更長時間。但這並不意味著如今的高端工種能夠完全免受衝擊。比如,醫生之類專業人士的部分工作也可能被自動化,而醫生的工作內容將會更專注於與人的溝通和互動。許多職業不會消失,但其工作內容將會發生改變,因此教育和培訓體系也應與時俱進。對先進數字技能的需求增加和低端勞動力的剩餘將可能導致不平等的加劇,部分人群在這一問題面前顯得尤為弱勢。與之相似,人工智能的逐步應用也可能進一步拉大富裕沿海地區與欠發達內陸地區的差距,加劇城鄉發展的不平衡。只有認真研究充分評估各種可能性,才能規劃好人工智能占據重要一席的未來。

人工智能發展前景廣闊,可用於改善醫療、環境、安全和教育,提升民生福祉。與此同時,由於它模糊了物理現實、數字和個人的界限,於是衍生出了複雜的倫理、法律及安全問題。隨著人工智能的逐漸普及,需要審慎管理來應對這一轉變。許多現有實例展現出了人工智能解決社會問題的潛力。

人工智能系統能夠幫助科學家預測環境變化。康奈爾大學利用這一技術預測動物棲息地變化以保護某些鳥類。人工智能在醫療領域也得到廣泛應用。荷蘭政府使用人工智能技術為特定病患群體尋找最有效的治療方案,並通過分析數字化的醫療檔案來減少醫療失誤。在美國,拉斯維加斯衛生部利用人工智能技術進行公共衛生監測,通過社交媒體的追蹤來確定疾病爆發的源頭。人工智能系統還能提升公共交通系統的安全性和效率。已有證據表明使用人工智能技術的自動駕駛汽車可以減少交通事故。而阿里巴巴與杭州市政府合力推進智能城市交通體系,以人工智能控制交通信號燈,可以有效減少城市特定區域的擁

堵並使通行速度提高11%。另外,人工智能還被用於預測能源需求,管理能源使用。谷歌大數據中心的能耗降低,英國政府對電網系統中需求高峰的管理都是該技術方向的早期實例。對企業和消費者而言,這意味著高達數十億美元的能源得到節約。然而,除了這些潛力外,管理具備自主學習和決策能力的機器也是一份艱鉅的責任。許多值得深思的倫理和法律問題因此而生。阿西莫夫的機器人三大定律首次嘗試為人機互動設立基本原則。但人工智能技術所帶來的倫理問題更為微妙,其潛在影響也更為深遠。

首先,當傳感器和人工智能無處不在時,企業得以不斷收集個人信息,不僅在人們使用數字設備時,也在人們往返於公共和私人空間時。在某些特定場合,比如醫院,採集這些個人信息極為敏感。這就引發了一系列問題:誰擁有個人數據?數據應以何種方式共享?面對日趨嚴峻的網路安全攻擊又該如何保護數據?其次,人工智能可能在決策過程中產生無意識的歧視。由於現實世界存在著各種形式的種族歧視、性別歧視和偏見,輸入算法中的數據也可能附帶這些特徵。而當機器學習算法學習了這些帶有偏見的訓練數據,也就「繼承」了偏見。2016年,一家頂尖的人工智能企業就發生了此類事故:該公司通過網路論壇訓練了一個實驗性聊天機器人,不曾想機器人學會了各種種族歧視和性別歧視的語言,惹惱了許多網路用戶。可以想見,如果有偏見的人工智能處在了決策地位,那麼其決策可能會導致特定人群受到不公正的待遇。除倫理問題之外,人工智能在社會的普及更會產生諸多法律層面的影響。如果人工智能的決策導致意外甚至犯罪,誰應當對其負責?人工智能創作的知識產權歸誰所有?一旦人工智能擁有超級能力,又該用哪些措施進行監管?人工智能研發人員有哪些法律權利與義務?要建立相應的完善的法律及倫理框架,仍有許多問題尚待充分探討和研究。

二、人工智能對政治領域的影響

在人類歷史發展的長河中,任何一場新的革命性科學技術突破發展都會給政治領域帶來不可忽視的巨大影響。人工智能技術在政治領域的外化特徵主要體現在以下幾個方面:

(1)政治行為過程數據信息化。人的本質是一切社會關係的總和,在一個由數據構成的世界,人也是一切數據足跡的總和。人工智能時代,每個個體無時無刻不是數據的生產者。數據是人工智能的重要組成內容,國家的治理、政治的管理、公民的社會生活等都基於數據,對數據已產生了巨大的依賴性。

(2)政治情感中立性。人工智能大數據分析工具的分析、萃取、提煉基本不受人為因素影響,能夠客觀、全面地挖掘出事件的本質。人工智能的客觀性抽離出政治領域的主觀性因素,為剔除價值情感因素,實現立場「中立」提供可能。政治領域的決策需要客觀的「源信息」,人工智能的客觀性可為政治決策和行動方案提供客觀依據。

(3)政治權力去中心化。人工智能中「互聯網數據」結構的多節點、無中心設計決定著處於線上社會的任何位置的主體均不可能具有較其他位置主體更高的位勢。人工智能時代,權力分佈呈去中心化圖譜結構,權力結構日益多元和分化,這在一定程度上弱化了傳統的線下的多層國家權力結構和單向治理模式。

(4)政治結構的不對稱性。在人工智能時代,智能技術將成為重要的「權力」元素,無論是政府還是公司、社會組織,只要掌握了大量的數據等智能技術,其權力就會得到強化。只有政府或者大的科技型公司才有能力壟斷資源、壟斷數據,相對而言,個人或較小公司在數據化社會治理的競爭場域裡,權力被弱化。中國要將目前的創新轉化為長期

可持續的增長引擎，就必須制定一套完善的戰略。政府可以為人工智能的發展打牢根基，並且設定激勵人心的目標，以此刺激私營部門的創新和應用。人工智能已經有能力幫我們解決行業發展或社會治理中的一些棘手難題，若能從國家層面加強行業應用，未來人工智能的發展前景必然會更加光明，助力實現提升經濟活力、構建國家創新型經濟的目標。

三、人工智能與文化產業的成長

人工智能進入文化產業，將刺激消費者慾望，吸引更多的文化消費需求。人工智能作為新生事物，會大大激發消費者的好奇心，消費者試圖嘗試一種新的消費形式和消費體驗，消費需求將會增加，這有利於文化企業增加銷售收入。目前，人工智能才剛剛開始走入人們的視野，這種新鮮感還在增長，並且人工智能企業的創新速度也非常快，因而人工智能可以保持較長時期的吸引力。由於文化產業與人工智能企業之間具有非常高的產業關聯度，文化產業很可能成為服務產業中使用人工智能最多的產業，這無疑有助於文化產業的大發展。與發達國家相比，中國文化產業產出和文化產品消費所占比例還較低，未來文化產業有望借助人工智能這一新技術實現騰飛。

人工智能進入文化產業，產品供給速度將大幅度提高，產業資本風險劇增。把人工智能導入文化產業，固然有助於吸引消費者並降低成本，但效率的提高也將引發產能過剩這一潛在風險。人工智能廣泛代替人工後，將引起文化產業的產出速度大幅度提高。以往中國一個行業從產生到發展成熟大都需要十年到數十年的時間，那些被人工智能快速、深度「入侵」的行業，產能過剩將成為迫在眉睫之事。文化產業屬於「輕資產」產業，創意是最重要的企業要素，而大多數創意者又具有較

強的隨意性、自主性、不受約束的個性，但企業的快速發展又離不開資本的導入，這很容易引起資本和創意團隊之間的矛盾，影響新生企業的成長發育。

四、人工智能在國家軍事領域的應用

對中國來說，人工智能提供了更有價值的東西——破壞美國軍事優勢的能力。人工智能意味著控制，可以讓國家減少對民眾的依賴，可以依靠更少、更忠誠的人來管理軍隊。中國大刀闊斧地全面推進人工智能研究引發了美國極大的擔憂，比如，中國在人工智能領域會超越美國。鑒於人工智能融合的優勢，很多美國軍人擔心其他參與者能力出眾，自己因此而落後。任何國家都不希望自己的戰士、艦艇以及坦克還有飛機等受到敵軍的威脅，也沒有國家希望敵方系統能夠在戰鬥環境中做出快速反應並回擊。

人工智能應用於軍事領域這一議題不止於軍隊本身。中國正在推進民用和軍用發展的「創新驅動」戰略，人工智能在中國國家軍民融合戰略中處於高優先級，這一戰略方針可以使解放軍充分利用民間機構在人工智能方面的進展——包括民間可能的資金和投資水準、潛在的人才資源以及大量的數據——提高國家的軍事能力。

中國要將目前的創新轉化為長期可持續的增長引擎，就必須制定一套完善的戰略。政府可以為人工智能的發展打牢根基，並且設定激勵人心的目標，以此刺激私營部門的創新和應用。人工智能已經有能力幫我們解決行業發展或社會治理中的一些棘手難題，若能從國家層面加強行業應用，未來人工智能的發展前景必然會更加光明，助力實現提升國家經濟活力、構建國家創新型經濟的目標。在人工智能這場科技浪潮中，中國與其他國家站在同一起跑線上。中國的科學家、工程

師、企業家必須全力以赴，讓這一次的全球科技創新盡快邁入讓我們每個人都激動萬分的「中國時刻」。

第三節 積極應對人工智能提出的挑戰

科技是把「雙刃劍」，人工智能的崛起確實激發了人類社會的巨大潛力，造福於人類、服務於人類，能夠讓人類更好地治理社會。但同時人工智能也潛藏著風險，特別是超人工智能這一具有自主意識、最接近人類智能的具有超高「智商」機器人在未來世界可能出現。科學家警告人們，人工智能的發展或將「終結人類文明」。人工智能如果被濫用、誤用，或者沒有得到有效控制，其帶來的風險或破壞力則是巨大的。英國著名物理學家史蒂芬‧霍金2016年10月在劍橋大學演講中指出：「人工智能有可能是人類文化的終結者。它既可能成為人類至今發生過的最好的事，也可能成為最糟糕的事。」比爾‧蓋茨、埃隆‧馬斯克等都擔心人工智能可能會對人類自身構成威脅。人工智能技術的迅速發展及應用可能在經濟、政治、軍事、法律等各個方面對人類社會構成挑戰。

一、人工智能造成結構性失業

從歷史上看，任何圍繞著自動化生產的科技創新都會造成勞動力需求的明顯下降，人工智能技術的進步也同樣意味著普遍的失業風險。據美國國家科學技術委員會預測，在未來10～20年的時間，9%～47%的現有工作崗位將受到威脅，平均每3個月就會有約6%的就業崗位消失。與傳統基於生產規模下行所導致的週期性失業不同，由新的技術進步所導致的失業現象從本質上說是一種結構性失業，資本以全新的

方式和手段替代了對於勞動力的需要。結構性失業的人們在短期內很難重新獲得工作,因為他們之前能夠適應的崗位已經部分或徹底消失,而適應新的崗位則需要較長的時間週期。可以預見的是,主要依賴重複性勞動的勞動密集型產業和依賴於信息不對稱而存在的部分服務行業的工作崗位將首先被人工智能所取代。隨著人工智能技術在各個領域不斷推進,受到威脅的工作崗位將越來越多,實際的失業規模將越來越大,失業的持續時間也將越來越長。這種趨勢的演進,對於社會穩定的影響將是巨大的。

二、人工智能加劇了貧富分化和社會不平等

人工智能技術的進步所帶來的另一大經濟影響是進一步加劇了貧富分化與不平等現系。一方面,作為資本擠壓勞動力的重要進程,人工智能所帶來的勞動生產率提升很難轉化為工資收入的普遍增長。在就業人口被壓縮的情況下,只有少數勞動人口能夠參與分享自動化生產所創造的經濟收益。新創造的社會財富將會以不成比例的方式向資本一方傾斜。另一方面,人工智能技術對於不同行業的參與和推進是不平衡的。部分擁有較好數據累積,且生產過程適宜人工智能技術介入的行業可能在相對較短的時間內獲得較大發展。在這種情況下,少數行業會吸納巨額資本注入與大量的人才集聚,迅速改變國內產業結構。行業發展不平衡的鴻溝與部分行業大量超額收益的存在將對國家經濟發展產生綜合性的影響。

三、人工智能影響主權國家的政治

技術對於各國國內的政治議程所產生的影響軌跡已經變得越來越清晰,在過去兩年中,圍繞著 2016 年美國大選而開展的種種政治運作

已經越來越明顯地展現出擁有數據和技術能夠在怎樣的程度上影響政治的結果。劍橋分析公司事件的出現非常清晰地顯示出,只要擁有足夠豐富的數據和準確的算法,技術企業就能夠為競爭性選舉製造針對性影響。在人工智能技術的協助下,各種數據資源的累積,使每個接受互聯網服務的用戶都會被系統自動畫像與分析,從而獲得定制化的服務。然而,漸趨透明的個人信息本身也就意味著這些信息可以輕易服務於政治活動。於是,伴隨著技術的不斷成熟,當某種特定政治結果發生時,人們將難以確定這是民眾正常的利益表達,還是被有目的地引導的結果。在人工智能時代,數據和算法就是權力,這也意味著新的政治風險。這種技術干涉國內政治的風險對於多數國家都普遍存在,但對於那些技術水準相對落後的廣大發展中國家來說,這種挑戰顯然更加嚴重。由於缺乏相應技術累積,發展中國家並沒有充分有效的方式保護自己的數據安全,也沒有足夠的能力應對算法所帶來的干涉。人工智能技術的進步將進一步凸顯其在政治安全領域的脆弱性特徵,傳統的國家政治安全將面臨嚴峻的考驗。

四、主動迎接人工智能時代的到來

人工智能的發展給人們的生產、生活、社會經濟發展、人類文明進步等帶來諸多影響,人們現在已經不再談論我們是否需要人工智能了,而是我們應該如何塑造和適應一個和智能機器和諧相處的新時代。為了更好地抓住人工智能時代的機會、解決人工智能時代的挑戰,我們人類可以從個人發展、國家治理、全球合作層層遞進來應對人工智能時代的到來。

(一)個人選擇的工作應面向未來

依賴重複性勞動的勞動密集型產業和依賴於信息不對稱而存在的

部分服務行業的工作崗位將首先被人工智能所取代,未來勞動力市場所需的技能要求和工作性質將會發生改變。因此,個人在人工智能時代背景下必須提前做好準備。未來的工作需要社交以及數據分析等技能,比如從製造業工作轉換為零售業,需要更多交際、顧客服務和銷售技能,而成為一位數據研究員需要高質量的數學、統計學、計算機科學或者工程學的專業知識和技能。要掌握這些高級技能不是簡單的事情,因此需要在教育和培訓上進行很多投資。個人在進行專業選擇的時候,可以更多地選擇數學、統計學、計算機科學等面向人工智能方向的專業,擁有更多的在未來能夠適應人工智能社會的知識和技能。

(二)國家設計人工智能發展的頂層戰略

制定國家人工智能發展戰略。近兩年,美國、日本、英國、德國、歐盟等紛紛從國家戰略層面加緊制訂人工智能發展計劃。美國是世界上較早將人工智能發展上升到國家戰略層面的國家,其人工智能戰略規劃被視為新阿波羅登月計劃,美國希望能在人工智能領域擁有像互聯網時代一樣的強勢地位。中國國家頂層也開始重點關注人工智能,黨中央、國務院非常重視人工智能技術的發展應用。2015年11月23日,習近平總書記在《致2015世界機器人大會賀信》中指出:「中國將機器人和智能製造納入了國家科技創新的優先重點領域,我們願加強同各國科技界、產業界的合作,推動機器人科技研發和產業化進程,使機器人科技及其產品更好地為推動發展、造福人民服務。」國家的重視也在為人工智能的發展助力。2016年3月,「人工智能」一詞被寫入國家「十三五」規劃綱要。2017年3月,「人工智能」首次被寫入政府工作報告。2017年7月8日國務院印發的《關於印發新一代人工智能發展規劃的通知》提出:「到2030年,人工智能理論、技術與應用總體達到世界領先水準,成為世界主要人工智能創新中心的戰略發展目標。」李克強

總理在2018年政府工作報告中進一步強調指出：要「加強新一代人工智能研發應用，在醫療、養老、教育、文化、體育等多領域推進『互聯網+』。發展智能產業，拓展智能生活。運用新技術、新業態、新模式」。這也充分說明了中國為「推進人工智能和製造業深度融合，加快製造強國和網路強國建設」等的頂層設計。

完善數據安全體系。強人工智能或者超人工智能的應用都需要人們具有風險防患意識。在數據安全方面，政府、企業、社會組織、個人共同參與為人工智能的發展套上安全的「軍規」和「緊箍咒」。人工智能平臺的建立將形成對傳統數據分佈與控制體系的穿透。一方面，要高度重視和重新優化設計整個政府體系的數據安全架構，要進一步完善逐級分佈的安全體系，並做好應急和數據備份體系。另一方面，要採取科學的政策互聯：人工智能研究人員和政策制定者之間應該進行有建設意義、健康的交流。由於人工智能系統能夠分析和利用人類產生的數據，人類也應該有權獲取、管理和控制自身產生的數據。

研究人工智能的倫理和規則。隨著人工智能的飛速發展，法律和倫理問題也許是實現人工智能利益的最大障礙。人工智能解決的是海量數據的處理和決策問題。在人類科學技術發展史上，解決道德、法律問題既是經典問題，又是常議常新的重要課題。正確處理好人工智能應用中法律和監管問題是人工智能時代行政倫理的重大課題。在政策制定、執行和評估過程中，人們有知曉權、參與權、監督權、評價權等。如果出現人工智能技術風險，由誰來承擔人工智能輸出的負能量責任？毋庸置疑，這必然導致全社會對於算法科學透明度和問責制的呼籲。這就需要法學界、科技界、管理界、理論界等聯合研究攻關、法治德治並舉，共同研究制定人工智能的倫理和規則。

(三)通過國際合作進行人工智能全球治理

人工智能不僅給單個國家,也給國際社會帶來了全新挑戰,因而亟待從國際合作角度推進人工智能治理,最大限度地讓人工智能為實現人類社會福祉服務。考慮到人工智能對人類社會的影響具有全球性和公共性,有必要就人工智能治理而開展長期的國際合作。

由於人工智能幾乎滲透到了人類社會的方方面面,其中信息資源對國家整體而言至關重要,因而有必要促成國際合作。人工智能帶來的技術革新要求,又可能導致新的權力不平衡。然而,不論是人工智能研究,還是人工智能與人類之間的互動,都是新事物,因此人工智能時代的國際合作恐將難以從過往經驗中學習或借鑑。有鑒於此,有必要建構一種新的旨在推動人工智能治理的國際組織,通過靈活合作安排、締結國際條約、尋求共識、彌合分歧,從而建立一種更具約束性的國際合作框架。

當人工智能技術與數據挖掘運用於軍隊和作戰,這顯然與國家安全緊密相關,而且關乎未來戰爭與國際衝突管控。這實際上又與傳統安全及國家主權利益相互交織,因而人工智能的軍事安全應用可以說是一個相當敏感的議題,涉及主權問題。主權國家起初可能會拒絕該領域的國際合作,但從長遠來看,有力的集體監管和執行機制,可能有利於抑制國家在人工智能軍事化領域的投機行為和單邊衝動(一旦各國執意就此開展人工智能軍備競賽則可能引發國際衝突)。因此,高度制度化和組織化的約束性立法、爭端解決機制、執法權威等的建立,將有助於推進人工智能全球治理。

第四節　用中國特色社會主義理論引領智能化經濟社會

　　學者們對中國特色社會主義理論發展歷程的探討一部分針對某一特定理論體系，另一部分就是針對整個理論體系。尹宏峰曾指出，中國特色社會主義理論體系發展經歷了四個階段。第一階段是以毛澤東為核心的第一代中央領導集體的艱辛探索階段；第二階段是以鄧小平為核心的第二代中央領導集體開創「有中國特色的社會主義道路」階段；第三階段是以江澤民為核心的黨的第三代領導集體，以「三個代表」重要思想繼承、發展中國特色社會主義理論體系階段；第四階段是以胡錦濤為總書記的黨中央提出科學發展觀，進一步豐富和發展了中國特色社會主義理論體系階段；現如今正處於第五階段，即是以習近平同志為核心的黨中央以「新時代中國特色社會主義理論」為最新思想成果的新階段。

　　理論和實踐相結合是馬克思主義的本質要求，是馬克思主義的一個最基本的原則。在今天我們仍然要堅持理論與實踐相結合，否則只是紙上談兵。目前中國特色社會主義理論在中國的實踐主要表現在四個方面上。

　　首先，從政治上來看，堅持將中國特色社會主義理論指導思想深入貫徹落實到實際工作中，將馬克思主義與中國的實際情況結合起來，實事求是，理論聯繫實際治理國家。其次，從經濟上來看，在經濟發展上「堅持以供給側結構性改革為主線」。中國經濟正在由高速增長階段轉向高質量發展階段，把提高供給體系質量作為主攻方向。再次，從社會上來看，精準扶貧不也是中國特色社會主義理論在中國的實踐嗎？最

後,從技術上來看,中國一直堅持創新是引領發展的第一動力,國家鼓勵創新創業,在技術研發上加大投入。

「人工智能」一詞最初是在1956年達特茅斯學會上提出的。從那以後,研究者們發展了眾多理論和原理,人工智能的概念也隨之擴展。人工智能的發展總共需要經歷三個階段,分別是弱人工智能階段、強人工智能階段、超人工智能階段。筆者認為中國人工智能的發展正處於弱人工智能向強人工智能的轉化中,比如機器人的研究能夠達到一定水準,但是還未能達到人類級別的人工智能。

過去的人工智能技術開發處於弱人工智能階段,指的是只專注於完成某個特定的任務,例如語音識別、圖像識別和翻譯,是擅長於單個方面的人工智能。它們只是用於解決特定的具體類的任務問題而存在,大都是統計數據,以此從中歸納出模型。由於弱人工智能智能處理較為單一的問題,且發展程度並沒有達到模擬人腦思維的程度,所以弱人工仍然屬於「工具」的範疇,與傳統的「產品」在本質上並無區別。如今的人工智能技術正處於弱人工智能向強人工智能的方向發展的階段。

屬於人類級別的強人工智能,在各方面都能和人類比肩,人類能幹的腦力活它都能勝任。它能夠進行思考、計劃、解決問題、抽象思維、理解複雜理念、快速學習和從經驗中學習等操作,並且和人類一樣得心應手。

超人工智能已經跨過「奇點」,其計算和思維能力已經遠超人腦。此時的人工智能已經不是人類可以理解和想像的。人工智能將打破人腦受到的維度限制,其所觀察和思考的內容,人腦已經無法理解,人工智能的發展將形成一個新的社會。

中國在人工智能領域目前位於全球前列,但中國在企業數量、創新

成果、人才數量、投資規模與美國相比還有較大的差距。據報導,全球人工智能支出到2020年或將達到2,758億元,中國人工智能技術支出到2020年將達到325億元,占全球整體支出的約12%;截至2017年年底,中國的人工智能企業占全球23%,排名第二。

當然中國的人工智能發展之路並不平坦。寧兆碩指出,目前中國人工智能發展遇到國家政策有待落實、行業標準缺乏、監管體系缺位和人才緊缺等困境。而且中國在人工智能發展上還受到社會上的非議,這對智能時代這一關鍵技術的發展有著巨大的阻礙作用。故此,我們應該認清當前中國發展狀況,瞭解中國人工智能發展對中國的影響。

從政治上來說,一方面人工智能的應用有利於提升政府工作效率,例如對繁瑣的項目審批程序、財務報帳程序等,人工智能可以快速地完成這些繁雜的工作,從而提升國家政府工作效率,使國家相關機構將時間用在更為重要的事情上面。另一方面,人工智能可以應用於社會治理,形成社會治理新格局。龐金友指出,全新的人工智能時代內在地需要全新的治理理念和治理形式。這就意味著治理體系和治理能力必須實現跨級式飛躍:從傳統治理到互聯網治理,再到人工智能精準治理。但是人工智能也會帶來一些負面的效應,當財務審批流程通過使用人工智能技術而變得簡潔之後,可能會出現一些諸如虛假報帳等問題。政府工作效率加快後,也可能導致基層工作者與部分公職人員工作量的兩極分化。

人工智能對於經濟的影響不可估量。當人工智能被應用於生產製造業,生產效率會提高,產品質量更為可控,而且人工智能不僅提供產品,也提供服務,這些都將引起中國產業的變革,影響經濟的發展速度和效率。但是在促進經濟增長的同時,其負面效應則是貧富差距擴大,倘若人工智能供應商壟斷市場,人工智能使用者只能是具備支付能力

的個人或者組織,人工智能幫助他們提升產能,而消費者收入水準並不能支撐人工智能產品的消費時,反過來又會抑制經濟發展。

人工智能對於社會發展有著很深的影響,許多現有實例展現出了人工智能解決社會問題的潛力。人工智能系統能夠幫助科學家預測環境變化。康奈爾大學利用人工智能技術預測動物棲息地變化以保護某些鳥類。人工智能在醫療領域也得到了廣泛應用。荷蘭政府使用人工智能技術為特定病患群體尋找最有效的治療方案,並通過分析數字化的醫療檔案來減少醫療失誤。在美國,拉斯維加斯衛生部門利用人工智能技術進行公共衛生監測,通過社交媒體的追蹤來確定疾病爆發的源頭。

然而,人工智能給社會帶來了一些負面影響,這些負面影響主要表現為人工智能所引起的社會焦慮,這種焦慮來自機器代替人類、就業機會減少等方面。

人工智能技術是智能化時代的關鍵技術,人工智能技術對科技發展有極大的促進作用。人工智能涉及學科眾多,包括數學、心理學、計算機科學等。要發展人工智能就必須以這些學科為基礎,充分結合學科知識發展人工智能技術,同時使得學科應用拓寬。同時,人工智能應用領域廣泛,可應用於醫學、教育、交通等領域,發展人工智能技術的同時也促進了科技的發展。在當代,我們要用中國特色社會主義思想指導人工智能促進經濟社會的發展。

一、辯證地看待人工智能

在哲學上看,辯證地看待問題就是用聯繫的觀點看問題,用發展的觀點看問題,用矛盾的觀點看問題,用內外因的觀點分析問題。馬克思主義哲學教會我們要用辯證發展的眼光看待事物,不能一味否定或肯

定某事。對於人工智能的態度也應當如此，人工智能的發展存在矛盾，其發展的優點和缺點是一對矛盾關係，發展人工智能的確存在一些負面的影響，但是在筆者看來發展人工智能的優點遠多過人工智能的缺點，更何況人們可以想辦法盡可能減少人工智能發展所帶來的負面影響。如果不發展人工智能，人類科技無法實現一個質的飛躍，未來是智能化的時代，無法想像未來科技會變成什麼，但是現今我們停止不前就永遠無法看見那一幕。因此在對人工智能發展的看法上，我們應該理性面對，支持發展人工智能技術。

二、人工智能的發展要以人為本

以人為本就是把廣大人民群眾看成是經濟社會發展的主體和動力，把實現人民群眾的政治、經濟、文化利益看成是經濟社會發展的根本目的，強調尊重人、解放人、發展人。尊重人是指尊重人的利益、尊重人的權利、尊重人的勞動、尊重人的創造、尊重人的自由等；解放人不僅是指政治上的解放，而且是指使人擺脫愚昧和貧困的奴役，走向文明和富裕；發展人是指使人的「德智體美勞」和諧完整地發展，個人潛力和智能最大限度地發揮，個人需要得到全面發展，使人的現代化和經濟社會的現代化互相促進、協調發展。一直以來，關於發展人工智能會引發大批公民失業的說法此起彼伏。但是人工智能時代的產生必然也會衍生出許多新興產業，就好比電商，在互聯網出現之前並不存在。以人為本應始終貫穿於社會主義建設當中，人工智能的發展是要服務於人類，以人為本，協助人類發展生產力。

三、人工智能的發展要堅持創新這一發展動力

創新是引領發展的第一動力，創新發展理念在新發展理念中居於

首位。中國的創新發展理念和在創新發展理念指導下的創新發展戰略、創新發展政策系統化地構成了中國特色社會主義政治經濟學的重要篇章。以習近平同志為核心的黨中央一再強調,要激發創新創業活力,推動大眾創業、萬眾創新,釋放新需求,創造新供給,推動新技術、新產業、新業態蓬勃發展,加快實現發展動力轉換。

創新驅動是實現發展的重要戰略,科技創新是提高社會生產力和綜合國力的戰略支撐,必須擺在國家發展全局的核心位置。人工智能作為一種新型的生產力,必將為新時代經濟的發展帶來新的增長極。黨的十九大報告中提出「推進互聯網、大數據、人工智能和實體經濟的深度融合」。目前,人工智能正在進入到我們生產生活的方方面面,在運用合理的前提下,人工智能對我們的生產生活已起到了很多的協助作用,協助人類完成此前被認為必須由人完成的智能任務。在生活服務方面,人工智能同樣有望在教育、醫療、金融、交通等領域發揮巨大作用。例如在教育方面,人工智能在作業與試卷批改、糾正語音等方面有著極高的效率,而這可以將老師從大量繁瑣的工作中解放出來,更好地對學生進行有針對性的輔導。在醫療方面,客服機器人可協助醫務人員完成患者病情的初步篩查與分診;醫療數據智能分析或智能的醫療影像處理技術可幫助醫生制定治療方案,並通過可穿戴式設備等傳感器即時瞭解患者各項身體指徵,觀察治療效果。在金融方面,人工智能將能協助銀行建立更全面的徵信和審核制度,從全局角度監測金融系統狀態,抑制各類金融詐欺行為,同時為貸款等金融業務提供科學數據,為維護機構與個人的金融安全提供保障。

第四章　人工智能與經濟理論的思考

在信息化時代,人工智能的發展十分迅速,並普遍應用於企業各生產環節,企業工人數量將逐步減少,但企業的利潤卻持續增長。人們開始思考人工智能的剩餘價值創造問題。這是否意味著馬克思剩餘價值理論和勞動價值理論已過時？本章將對這一問題進行探討,並對人工智能與剩餘價值創造在生產領域和服務領域的關係進行分析,深化對剩餘價值理論的理解認知,闡釋其科學性、合理性。

第一節　人工智能與剩餘價值創造

剩餘價值與剩餘價值生產理論有著密不可分的關係,馬克思指出「貨幣是商品流通的最後產物,是資本的最初表現形式。」[1]資本總公式,也就是資本流通公式,是 G—W—G′。貨幣所有者先是用貨幣購買商品,然後再把商品賣出去,獲得更多的貨幣。以貨幣為媒介的商品流通公式則是:W—G—W。在這個商品流通公式中,商品所有者一般來

---

[1] 馬克思.資本論:第 1 卷[M].北京:人民出版社,2004.

說是用自己的商品換取他人的貨幣的,然後再用換得的貨幣購買一些自己所需要的商品。由於它們都是以商品貨幣形式進行運動,表現形式有相似之處。馬克思把 G—W—G′這個公式稱為資本總公式。因為這個公式不僅僅適用於一般意義上的產業資本,同時也適用於借貸資本和商業資本等其他各種各樣資本的運動形式。這個資本總公式 G—W—G′的矛盾,就是從形式上看,終點 G′比起點 G 多出了一個△G,表明流通的結果帶來了剩餘價值,這同價值規律中要求的等價交換原則相矛盾。所以,如何從理論上解決資本總公式的矛盾,也就是要研究剩餘價值是從哪兒產生的。這是貨幣轉化為資本的關鍵。

因為公式中存在難以解決的問題,所以逐漸引出了勞動力的概念,勞動力簡單來說就是人的勞動能力。通常勞動力可以成為商品必須是勞動力所有者除了勞動力外不再有其他生產資料和生活資料,只能出售自己的勞動力維持自己的生活,並且勞動力所有者有權利將自己的勞動力作為商品出售。但是存在一個問題,即勞動力所有者只能出售其勞動力的使用權,而並非所有權,而且該使用權存在一定期限。勞動力作為特殊商品有其相應的價值,不同的勞動力會因為環境不同而產生不同的價值。資本家如果購買了勞動力,那麼勞動者通過勞動所產生的價值便歸為資本家所有,剩餘價值便包含其中。因此,必須有勞動力轉化為商品這個條件,才能產生剩餘價值。

資本主義的生產過程是具有二重性的,資本主義勞動過程的特點,決定了資本主義制度下的勞動具有強制性和奴役性。資本主義條件下雇傭工人生產的商品價值包括三個部分:①已耗費的生產資料轉移到產品中去的不變資本價值;②雇傭工人的剩餘勞動創造的剩餘價值;③雇傭工人的必要勞動創造的用來補償購買勞動力的可變資本價值。如果用 v 代表可變資本,m 代表剩餘價值,c 代表不變資本,可以知道,

商品的價值構成就是c+v+m。商品生產的全部耗費和資本的耗費並不完全相同,生產的實際耗費等於商品的全部價值,即c+v+m,而資本耗費是c+v。兩者之間的差額便是資本家無償佔有的剩餘價值。在資本家心中,生產商品所耗費的資本價值就是生產成本或生產費用,即c+v,用K表示。由於商品中的c+v轉化為生產成本,商品價值就等於生產成本與剩餘價值之和。用公式表示為:W=K+m。顯然生產成本小於商品的價值,兩者之間的差額為剩餘價值。

二戰結束後,科技突飛猛進,使發達資本主義國家的生產力和生產關係發生了變化,出現了新的形式和特點,如社會生產力的巨大發展和勞動生產率的大幅度提高;勞資關係得到調整;在經濟運行方面將市場機制與計劃機制結合起來,發揮政府調節的作用,等等。20世紀中葉,科技革命促成了自動化設備的廣泛應用,「無人工廠」「無人車間」等現象開始出現,這也就引發了學術界對其能否創造剩餘價值的討論。由於時代的局限,在當今人工智能的條件下,所有的一切仍然可以用馬克思的理論繼續指導探究並給予解釋。按照馬克思的剩餘價值理論,只有工人的活勞動才能創造新價值,無論怎樣先進的機器設備都只能算作生產資料而其本身絕不能創造剩餘價值,即無論怎樣,只有人的勞動才是價值和剩餘價值的唯一源泉。生產資料一旦失去人的作用,就不能形成價值和價值增值,這一點非常容易理解。然而在實際生產中,各種先進的機器設備等發揮了巨大的作用,使得在雇傭非常少量工人的情況下,也能生產出大量的產品,造成了高科技含量的機器設備等生產資料創造價值和剩餘價值的表象。這似乎與馬克思的勞動價值理論和剩餘價值理論相矛盾,但事實上並非如此。

馬克思從來都沒有否定先進的科學技術設備等生產資料對價值和剩餘價值創造的作用,而是認為在採用了較為先進的設備之後會比以

前創造出更多的價值和剩餘價值。但同時也指出:「由於一種新發明,同種機器可由較少的勞動耗費再生產出來,那麼舊機器就要或多或少地貶值,因而轉移到產品上去的價值也要相應地減少。但就是在這種情況下,價值變動也是在機器作為生產資料執行職能的生產過程以外發生的。機器在這個過程中轉移的價值決不會大於它在這個過程之外所具有的價值。」①所以,這些先進設備同樣是人的體力和腦力勞動的創造物,是生產資料,是「延長了的人類的手」。其背後的主體仍然是勞動者,其本身只不過是一種仲介,最終必須由人將其施加於勞動對象之上,才能發揮作用,更多剩餘價值的產生依然是雇傭勞動者的剩餘勞動的結晶。

近十幾年,新一輪科學技術迅速發展,人工智能開始出現。人工智能設備與傳統「機器人」有著本質區別,人工智能(Artificial Intelligence),英文縮寫為 AI。它是研究、開發用於模擬、延伸和擴展人的智能的理論、方法、技術及應用系統的一門新的技術科學。就某一專業領域的角度而言,人工智能設備代替了現實的人,這是一個事實。但是人工智能設備屬於「人」嗎?回答當然是否定的。它雖然模擬了人的思維過程並且具有深度學習的功能。但它同時也是人腦勞動的結晶。

馬克思指出資本有兩個截然不同的流向:可變資本(v)和不變資本(c)。人工智能設備作為勞動工具參與了商品生產的勞動過程,但並沒有創造增值價值,只是將本身的價值轉移到商品之中,並且「轉移到商品的價值絕不會大於它在勞動過程中因本身的使用價值的消失而喪失的價值」②。所以,人工智能設備同機器設備並沒有太大的區別。現代企業大量使用人工智能設備,可以看作資本流向不變資本越來越多,

---

① 馬克思.資本論:第 1 卷[M].北京:人民出版社,2004.
② 馬克思恩格斯選集:第 2 卷[M].北京:人民出版社,2012.

c/v 的構成會越來越高。

　　人工智能設備的使用不但降低了雇傭勞動工人所應付出的成本，而且提高了勞動生產率，這樣資產階級不但可以獲得更多的相對剩餘價值，而且可以支付給工人更多的名義工資，從而又形成了勞動工人憑借自己的勞動而不斷獲得更多報酬的表象，剝削少了。為說明這一問題我們需要引入「剩餘價值率」。「剩餘價值率(m/v) = 剩餘勞動/必要勞動，是勞動力受資本剝削的程度或工人受資本家剝削的程度的準確表現」①。隨著高科技的應用，生產勞動力自身價值的必要勞動在減少，在相同的工作時間內，相應剩餘勞動在增加。所以近年來隨著資本主義社會資本有機構成的逐步變化，工人們的工資比例實質在下降，剩餘價值率在提高，資本家剝削工人剩餘價值的本質並沒有改變。「之前我們的考察無所謂是個體還是全體的，因為比起要考慮眼睛看不見的複雜的社會全體，還是僅僅抽取我們常常能見到的一個代表性企業或是工廠比較好。我們是在這樣的條件下分析剩餘價值論的。」②可見，在當今資本主義社會雖然生產關係發生了極大變化，但剩餘價值依然是來源於雇傭勞動工人的剩餘勞動，剩餘價值依舊被資本家大肆剝削。

　　自馬克思勞動價值論誕生100多年來，人類社會發生了翻天覆地的變化，但當代經濟生活並未超出勞動價值論涵蓋的範疇，反而為勞動價值論提供了更加廣闊的應用空間。在當代中國，馬克思勞動價值論不僅是進一步完善社會主義市場經濟體制的理論基礎，而且是大力發展科學技術的理論依據；不僅為合理調整收入分配關係提供了重要指導，而且成為牢固樹立以人為本價值觀的思想源泉。

　　科學地把握馬克思主義勞動價值理論的前提是正確認識「勞動」本

---

① 馬克思.資本論：第1卷[M].北京：人民出版社，2004.
② 宮川彰.解讀《資本論》(第一卷)[M].北京：中央編譯出版社，2011.

身。馬克思提出「勞動首先是人和自然之間的過程,是人以自身的活動來仲介、調整和控制人和自然之間的物質變換的過程」①。馬克思勞動價值論深刻闡釋了商品經濟的本質和運行規律,賦予了活勞動在價值創造中的決定作用,並由此奠定了剩餘價值論的理論基礎。馬克思勞動價值論在人類經濟學說史上具有重要的理論價值和歷史地位,尤其是在當代中國飛速發展的市場經濟條件下,出現了許多不同於馬克思時代的新情況和新特點,因此,有必要結合現實問題,加強對馬克思勞動價值論的重要價值與當代意義的理解和認識。

在當今社會,知識經濟越發展,人在價值創造中的作用就越大,因為具有更高創造性的科技勞動必然能夠創造更高的價值。目前,世界各國及地區均日益加大了對各種高素質人才引進的力度,其原因就在於人才資源是第一資源,由此也印證了馬克思關於活勞動是價值創造的唯一源泉理論的科學性。

恩格斯在《在馬克思墓前的講話》中指出:剩餘價值理論和人類歷史的發展規律是馬克思一生最重要的兩個發現②。馬克思剩餘價值論的經濟學觀點可以歸納為資本是資產階級剝削無產階級的工具,剩餘勞動是資產階級剝削無產階級的手段,利潤是資產階級無償佔有社會財富的表現形式。資本主義生產的目的和動機就是追求盡可能多的剩餘價值。為達到此目的,通過各種手段不斷擴大和加強對雇傭勞動的剝削。資本主義生產的實質就是生產剩餘價值,而剩餘價值實際就是私有財產通過交換產生的增值價值,人們交換的目的正是為了剩餘價值,如果沒有了剩餘價值,人們則不會交換了,那麼市場也不會有了,所以剩餘價值的作用是非常大的,這是人類永無休止的追求,這是歷史發

---

① 馬克思恩格斯選集:第2卷[M].北京:人民出版社,2012.
② 馬克思恩格斯文集:第3卷[M].北京:人民出版社,2009.

展的真正動力。因此,新時代學習好剩餘價值理論至關重要,這是當今社會發展的重要理論基礎。

第二節 人工智能與科學的勞動價值論

提到勞動價值論,一些人往往會認為馬克思勞動價值論是大衛·李嘉圖等人的古典勞動價值論的一個分支,顯然這種認識是錯誤的。新時代下,及時劃清馬克思勞動價值論與古典勞動價值論之間的界限,弄清馬克思勞動價值論的本質,對於堅持與發展馬克思勞動價值論尤為重要。

一、大衛·李嘉圖等人的古典勞動價值論

英國古典政治經濟學的創始人威廉·配第最早提出商品的價值來源於勞動。配第指出商品的價值與勞動時間成正比,與勞動生產率成反比,然而他卻未準確區分商品的二因素,認為土地和勞動共同決定價值。亞當·斯密比配第前進了一步,他區分了商品的使用價值和交換價值。在《國民財富的性質和原因的研究》一書中,他指出,「勞動是衡量一切商品交換價值的真實尺度」。這裡可以看出斯密認為勞動是商品價值的源泉,是交換價值的衡量尺度。但是斯密並不瞭解這種勞動的社會屬性。亞當·斯密認為:「任何一個物品的真實價格,即要取得這物品實際上所付出的代價,乃是獲得它的辛苦和麻煩。」[1]這是一種成本價值論,這一觀點在進一步研究什麼樣的勞動創造價值時,陷入了

---

[1] 亞當·斯密.國民財富的性質和原因的研究[M].郭大力,王亞南,譯.北京:商務印書館,2014:25.

混亂。大衛·李嘉圖將古典政治經濟學的勞動價值論推向了制高點。他繼承與發展了斯密關於勞動價值論中的積極因素，承認商品的使用價值和交換價值，並在此基礎上進一步揭示了二者之間的關係，認為使用價值是交換價值的物質承擔者。另外，李嘉圖認為，商品的價值由耗費掉的勞動來決定，不能用購買到的勞動來決定，而價值的大小則與這種勞動量成正比。從這裡可以看出李嘉圖看到了商品的價值量是由耗費的勞動時間來決定的。但是，李嘉圖只是進一步發展了斯密的成本價值論，他認為「每件物品的實際價格，每件物品對於那些想得到它的人的實際成本，就是獲取它時所耗費的辛勞」[1]，從而在推進勞動價值論的道路上停滯不前。總之，傳統的舊勞動價值論揭示的是一種基於人性的或者說是以個人主義為中心的商品與商品之間的交換關係，沒有深刻地剖析商品背後所隱藏的人與人之間的社會關係。

二、馬克思、恩格斯對於古典勞動價值論的批判和超越

青年時期的馬克思、恩格斯對於古典勞動價值論的批判經歷了一個由不成熟到成熟的過程。恩格斯在《國民經濟學批判大綱》中指出：「物品的價值包括兩個因素（指生產費用與效用——引者），爭論的雙方都要強行把這兩個因素分開，但正如我們所看到的，這是徒勞的。價值是生產費用對效用的關係。價值首先是用來決定某種物品是否應該生產，即這種物品的效用是否能抵償生產費用。然後才談得上運用價值來進行交換。如果這兩種物品的生產費用相等，那麼效用就是它們的比較價值的決定性因素。然而，目前的情況怎樣呢？我們看到，我們

---

[1] 大衛·李嘉圖.政治經濟學及賦稅原理[M].郭大力，王亞南，譯.北京：華夏出版社，2005：2.

的每一個方面都叫嚷自己是整體。」①從這段話可以看出,與古典的勞動價值論觀點相反,這裡恩格斯強調效用和成本相結合決定商品的價值,而勞動僅僅是其中的因素之一。接著,在馬克思、恩格斯合著的《神聖家族》一文中,他們說道:「最初,價值看起來確定得很合理:它是由物品的生產費用和物品的社會效用來確定的。後來才發現價值是一個純粹偶然的規定,這個規定根本不需要同生產費用和社會效用有任何關係。工資的數額起初是通過自由的工人和自由的資本家之間的自由協商來確定的。後來卻發現,工人是被迫讓資本家去確定工資,而資本家則是被迫把工資壓到盡可能低的水準。強制代替了立約雙方的自由。商業和其他一切國民經濟關係方面的情況也都是這樣的。」②此時馬克思、恩格斯開始從社會關係的維度去看待交換價值,新的勞動價值論萌芽初現。後來,隨著唯物史觀的確立,馬克思對於古典勞動價值論的批判日趨成熟。馬克思從古典勞動價值論的立論基礎——舊歷史觀入手進行批判。馬克思認為,古典勞動價值論只是基於單個人的趨利避害的行動,並不能真正地揭示社會深層次運行規律,解釋社會現象。馬克思確立的以實踐為基礎的唯物史觀,揭示了勞動價值的奧秘。物質生產勞動是最基本的實踐活動,他徹底變革了傳統的基於人性的「單個人」的活動的古典勞動價值論,確立了新的勞動價值論。

三、馬克思勞動價值論

馬克思基於唯物史觀論述了自己的新勞動價值論,與傳統的古典勞動價值論劃清了界限。抽象勞動是創造商品價值的源泉。所謂的抽

---

① 馬克思恩格斯選集:第1卷[M].北京:人民出版社,2012:26-27.
② 馬克思恩格斯文集:第1卷[M].北京:人民出版社,2009:256-257.

象勞動是凝結在商品中無差別的人類勞動,那麼,這種抽象勞動所消耗的抽象勞動時間即社會必要勞動時間則決定了商品的價值量。所謂的社會必要勞動時間是指:「在現有的社會正常的生產條件下,在社會平均的勞動熟練程度和勞動強度下製造某種使用價值所需要的勞動時間。」[①]從社會發展的視角來看,不同的時代因其社會正常的生產條件不同,社會必要勞動時間是不同的。在這裡,馬克思勞動價值論內在地蘊含著兩種類型的勞動。一種是社會正常生產條件下所進行的勞動。這種勞動可以是重複性的勞動,包括體力勞動和腦力勞動,總之,是在現有的正常生產條件下所進行的一種實踐活動,它所生產的產品滿足人們的需要。另一種是締造社會正常生產條件的勞動。進行價值創造的社會正常生產條件並不是憑空出現的,它是人們勞動的產物,當然這種勞動屬於一種創新型勞動。它的勞動產品更多地表現為新技術。這種勞動基於其創新性特點,本質上屬於一種過程型勞動。如果說正常的商品價值量是社會必要勞動時間所決定的,那麼,創新型商品價值的衡量時間則應該是一種社會過程性時間,從一種新想法的誕生、成熟到推廣開來必然要經歷一定的過程,那這個過程就是新技術或者新生產方式的價值量。

當然,常規型勞動和創新型勞動並不是截然分開的。常規型勞動中孕育著創造型勞動,一種新的想法往往是在勞動過程中產生的,從不完善到完善,直到最後完全取代現有的生產條件。創新型勞動是常規勞動能夠順利展開的基礎,離開了創新型勞動,常規勞動也就失去了正常的生產條件。因此,馬克思勞動價值論所蘊含的兩種類型的勞動是相互影響,不可分離的關係。

---

① 馬克思恩格斯選集:第 2 卷[M].北京:人民出版社,2012:99.

四、馬克思勞動價值論的本質

勞動價值是指凝結在商品中的人與人之間通過勞動所建立的一種普遍的社會關係,交換價值是其表現形式。對於馬克思勞動價值論而言,商品交換實質上是一種人與人之間所有權關係的交換,其目的是實現對他人甚至整個社會勞動的支配。所有權構成交換價值的來源,所有權是指表面上表現為人對物的一種支配權,實質上是一種以物為媒介的人與人之間的社會關係。如資本家正是借助於手中的生產資料來實現對勞動力的購買;再如,商品交換正是基於人們之間各自所擁有的資料才得以建立人們之間的社會聯繫。因此,所有權實質上是一種物化了的人與人之間的關係。實現對整個社會勞動的支配是交換價值的目的所在。市場上人們之間為什麼進行所有權的交換?交換的目的是什麼?對此,亞當・斯密可貴地看到了交換價值背後所隱藏的人與人之間的關係,但是由於受當時英國盛行的個人主義思想的影響,亞當・斯密對人與人之間關係的認識並沒有上升到從整個社會關係角度進行考察的高度,他沒有看到個人之間的關係其實是整個社會關係的一部分,個人勞動是整個社會總勞動的一部分,因而他的這一思想只能停留在單個人之間的關係上,不能形成完整的交換價值論。實質上商品交換所支配的勞動不僅是單個人的勞動,而且是社會總勞動的一部分,因為商品的交換價值能夠交換社會上的各種商品。因此,交換價值實質上是對社會總勞動的支配。

(一)馬克思勞動價值論是對古典勞動價值論的繼承與發展

馬克思勞動價值論吸收了古典勞動價值論中的勞動是價值的源泉的思想,同時也超越了古典勞動價值論。它深刻地揭露了交換價值背後所隱藏的「用生命生產生命」的社會關係,揭露了勞動價值的本質是

獲取對整個社會勞動的支配權,闡明了勞動的二重性以及社會必要勞動時間是商品價值量的標尺。只有正確認識並把握馬克思勞動價值論,才能坦然應對各種挑戰,「馬克思列寧主義並沒有結束真理,而是在實踐中不斷地開闢認識真理的道路」①。新時代下,如何豐富與發展馬克思勞動價值論仍是我們面臨的重要課題。

由於當時各種因素的綜合影響,馬克思勞動價值論主要著力點在於解釋價值的形成及其衡量標準進而解密勞動價值背後的人與人之間的關係。隨著社會條件的發展,人工智能逐步走進人們的生產和生活中,人工智能的出現使一些行業的勞動者陷入失業困境。因此,對馬克思勞動價值論的質疑之聲不斷湧現。新時代下,面對各種質疑我們首先要直面挑戰,並運用唯物史觀的分析範式實事求是地回應挑戰。只有澄清人工智能所帶來的有關馬克思勞動價值論的各種質疑,才能更好地堅持與發展馬克思主義。

馬克思繼承與發展了舊勞動價值論中的合理因素,進一步把勞動分為具體勞動和抽象勞動,闡明了二者分別產生使用價值和價值。隨著人工智能的廣泛應用,如掃地機器人、情感機器人、裁判機器人等各種智能型機器人逐步出現。傳統上的工業機器人逐步替代了部分體力勞動和簡單勞動,勞動是人們最基本的生存方式,是實現其自身價值的重要方式,因此,有些人開始質疑,馬克思勞動創造價值理論對於人工智能的解釋力。

(二)智能　是以　力　者　主,借助相的　料以生出　品的　程

人工智能作為一種智能型勞動方式它所創造的價值既包括生產資

---

① 毛澤東選集:第1卷[M].北京:人民出版社,1991:296.

料的價值也包括新價值。在生產過程中,人工智能的應用使得勞動效率提高、成本降低。「各種經濟時代的區別,不在於生產什麼,而在於怎樣生產,用什麼勞動資料生產。」①智能時代,智能機器人的應用改變了傳統勞動方式,人工智能大大提升了勞動效率。智能勞動所創造出的價值有別於傳統的常規型勞動,具有一定的特殊性。一方面,智能勞動是一種可操控性的勞動。人工智能並不是憑空產生的,腦力勞動者是人工智能的締造者、監督者、控制者。沒有人類的發明創造,沒有人類的需求,那麼人工智能將不能創造出價值。相對於馬克思提出的勞動價值論的社會環境而言,人工智能所創造的價值實質上是人的體力和腦力綜合作用所進行的一種間接式勞動的產物,從根本上講仍是活勞動所創造的。另一方面,人工智能促進了價值增值。協作是提高生產力的重要方式,「這裡的問題不僅是通過協作提高了個人生產力,而且是創造了一種生產力,這種生產力本身必然是集體力」②。相對於傳統常規勞動,人工智能的勞動系統更為複雜,它離不開高度的協作。協作的結果更多地表現在增值的價值中。

所謂的剩餘價值,是資本家通過延長相對勞動時間以獲取超過所購買的勞動力的價值,它是勞動者剩餘勞動的產物,是資本累積的源泉。人工智能的開發應用,使得一些勞動者失去就業機會,因而有些人只看表面現象認為既然人工智能替代了一些勞動者,那麼剩餘價值也就失去了來源。我們說這是以一種抽象的、靜態的視角來看待剩餘價值理論。縱然人工智能會使得一些從事簡單勞動的勞動者面臨失業,但是這並不意味著剩餘價值理論就已經過時。

(1)首先,人工智能歸根究柢屬於智能勞動的範疇,它所創造的超

---

① 馬克思恩格斯選集:第 2 卷[M].北京:人民出版社,2012:172.
② 馬克思恩格斯選集:第 2 卷[M].北京:人民出版社,2012:20.

越自身的價值實質上是人的創造性勞動所超越自身價值的價值,也就是剩餘價值。其次,人工智能因其智能化大大提高了勞動效率,它的應用使得社會有機構成增大,相對過剩人口增加。但是我們可以清楚地發現,在馬克思那裡相對過剩人口是指勞動力的供給超出了資本生產過程所需要的勞動量,相對過剩人口並不是一種永恆不變的現象,不能就此否定馬克思剩餘價值理論。最後,市場經濟是一個不斷持續、動態發展的系統。一種新型生產力的發展必定帶動相關產業的出現,人工智能從發明到推廣直至應用,無論哪個過程都不是孤立進行的,它離不開人的體力和腦力的耗費,這個過程本身就是一種人類創造超越自身價值的剩餘價值的過程。所以,馬克思剩餘價值理論相對於人工智能而言並沒有過時,只是剩餘價值的來源由原來人的直接的剩餘勞動轉變為以人工智能為媒介的間接式剩餘勞動,剩餘價值的根本性來源依然是勞動者的剩餘勞動。

(2)社會必要勞動時間是商品價值量的衡量標準。社會必要勞動時間主要作用於常規勞動,那麼,人工智能是否屬於一種常規勞動呢?有些人認為人工智能替代人類從事一些簡單的甚至複雜的勞動,社會必要勞動時間已經不能適用於人工智能的價值量判斷。這種觀點是一種錯誤的認識。人工智能並沒有使得商品價值量理論過時,反而進一步豐富了此理論。一方面,社會正常的生產條件並不是一成不變的,人工智能的發展與社會正常的生產條件是相互影響的。社會正常生產條件的發展促進了人工智能的發展,同時,人工智能的發展也會相應地促進社會正常生產條件的革新。人工智能作為一種智能型勞動,從根本上來講仍屬於常規勞動的範疇,因為它是在社會正常的生產條件下所進行的一種智能性活動。另一方面,就社會平均的勞動熟練程度和勞動強度而言,人工智能的發展將使之間接地表現為一種操作性、創新性

的勞動熟練程度和勞動強度，這裡的勞動熟練程度和勞動強度仍屬於人的實踐範疇，並沒有將人的勞動排除於社會活動之外。因此，所謂的人工智能所創造的商品的價值量是指人們在社會正常的生產條件下，在社會平均的操作性、創新性勞動的熟練程度和勞動強度下所消耗的社會必要勞動時間。所以說，智能勞動並沒有超出社會必要勞動時間的適用範疇。

（3）合理的收入分配制度既是實現社會公平、維持社會穩定的「壓艙石」，又是促進社會發展進步的「加速器」。人工智能的逐步推廣應用，致使人們對於以按勞分配為主體，多種分配方式並存的分配制度產生疑惑。我們對此的回應是：首先，人工智能是人的體力勞動和腦力勞動的集合體，就此而言，人工智能所帶來的勞動收入表現為一種人的間接式勞動補償，並沒有將人完全排除在市場經濟體系之外。其次，「比較複雜勞動只是自乘的或多倍的簡單勞動，因此，少量的複雜勞動等於多量的簡單勞動」[①]。人工智能是複雜的腦力勞動的結果，但是它仍然離不開簡單勞動。如，無人工廠雖然是人工智能的結果，但仍然離不開人的控制、機器的清潔等簡單勞動。這些複雜勞動和簡單勞動並不能否定收入分配制度。再次，人工智能依託大數據和雲計算在促進經濟社會發展的同時也會導致信息的不對稱。數字作為一種新型資本，極易造成壟斷，甚至出現「數據寡頭」。這種現象一旦出現，將進一步拉大貧富差距，造成社會的不穩定，而收入分配制度是緩解貧富差距的關鍵一環。最後，人工智能的運用將促進傳統產業的轉型升級，催生新產業、新技術、新業態。無論是傳統產業還是新型產業將刺激經濟發展、拉動就業，改變傳統的就業模式進而優化收入分配制度，使得收入分配

---

① 馬克思恩格斯選集：第2卷[M].北京：人民出版社，2012：104.

制度的內涵不斷豐富、外延不斷擴大，真正做到與時俱進。因此，人工智能的應用並沒有使得收入分配制度過時，反而能夠促使這一制度更加完善。

五、堅持與發展馬克思勞動價值論的必要性

馬克思勞動價值論並不是一成不變的，它是一個動態變化的過程，實踐性、開放性、與時俱進性是馬克思主義理論的特徵。新時代下，面臨人工智能的挑戰，弄清楚為什麼堅持與發展馬克思勞動價值論，如何堅持與發展馬克思勞動價值論具有重要的意義。

無論是勞動創造價值理論過時論還是剩餘價值理論過時論；無論是商品價值量理論過時論還是收入分配理論過時論，這些錯誤的認識均不能動搖馬克思勞動價值論的真理性。馬克思勞動價值論所揭示的商品生產、商品交換以及市場經濟運行的規律不僅適用於資本主義市場經濟，而且適用於社會主義市場經濟。因此，在市場經濟運行的規律下，商品的生產要想獲得更大的收益，就需要改進技術，提高勞動生產率，使得個別勞動時間低於社會必要勞動時間。據此，人工智能作為一種新型生產力形態則成為商品生產者的首選。提到人工智能，人們往往把它當作一種勞動工具中的技術因素，這裡有必要對這一錯誤認識做一些澄清。傳統的生產力觀念認為勞動者、勞動工具、勞動對象構成生產力的三要素，而錯把科學技術當作勞動工具中的技術因素，誤判了科學技術的本質。然而，所謂的生產力是人類開發、利用、保護自然以獲取自然資源以及人文資源等各種資源來滿足自身需要的能力。傳統的生產力觀念有其自身的局限性和矛盾性。首先，生產力本質上是人的一種能力，將勞動者納入勞動能力是一種講不通的說法。其次，勞動對象是人的勞動能力的作用物，是人加以利用和改造的資源，而不是人

的能力的一部分。再次,勞動工具是人的體力和智力發揮的仲介及結果,與人的能力密不可分,它構成了生產力的一部分。最後,馬克思主義指出:「勞動首先是人與自然之間的過程,是人以自身的活動來仲介、調整和控制人和自然之間的物質變換的過程。」①主體勞動起著決定作用。「勞動過程的簡單要素是:有目的的活動或勞動本身、勞動對象和勞動資料。」②從中我們可以清晰地看到,在馬克思那裡,一方面,要素指的是勞動、勞動對象和勞動資料,並不是我們所指的勞動者、勞動工具和勞動對象;另一方面,這裡的三要素針對的是勞動過程而不是生產力的構成因子。將勞動、勞動對象和勞動資料三要素看作生產力的構成因子顯然是對馬克思主義的一種「張冠李戴」。人工智能實質上是一種生產力形態,對於商品生產而言,它將有助於提高生產效率,降低生產成本。

　　正如上文第一部分所提到的,馬克思超越古典勞動價值論,揭示了交換價值背後的人與人之間的關係。馬克思勞動價值論強調在市場經濟中,商品交換應該遵循價值規律,堅持等價交換的原則。市場經濟存在著弊端,完善的市場機制是市場秩序有條不紊的必要條件。由於人工智能的發展具有過程性的特徵,所以對於那些提前掌握人工智能的商品生產者而言,他們將在競爭中處於有利地位,而那些技術滯後的商品生產者在競爭過程中處於不利地位。因此,從階段性上來講,人工智能的應用會使得市場經濟的運行產生一定的波動,但從長遠來看,隨著人工智能的逐步推廣直至普及,一些負效應也會隨之消失。因此,單純就人工智能的發展而言,完善的市場秩序是必不可少的。

---

　　① 馬克思恩格斯選集:第 2 卷[M].北京:人民出版社,2012:169.
　　② 馬克思恩格斯選集:第 2 卷[M].北京:人民出版社,2012:107.

六、堅持與發展馬克思勞動價值論的重要性

新時代下,馬克思勞動價值論中所蘊含的以人為本的理念得到了切實踐行。馬克思勞動價值論從分析商品開始,揭露了剩餘價值的本質、人的異化以及資本主義危機的不可避免,從而進一步得出了資本主義必然滅亡的結論,為科學社會主義奠定了重要的理論基礎。未來社會將是這樣一個共同體,「在那裡,每個人的自由發展是一切人的自由發展的條件」[①]。實現共產主義是馬克思主義的終極目標,也是我們黨始終不渝為之奮鬥的堅定信仰。新時代,中國共產黨始終堅持以人為中心的發展理念,堅持全面深化改革。推進人工智能的發展,有利於加快經濟的發展,促進物質財富的增加,為實現人的自由全面發展奠定物質基礎。

馬克思勞動價值論中對於活勞動的格外關注蘊含著豐富的人文意蘊。馬克思曾說:「時間是人類發展的空間。一個人如果沒有自己處置的自由時間……都是替資本家服務,那麼他就還不如一頭役畜。」[②]當代,人工智能的應用使得人們有了更多的閒暇時間去從事自己所喜好的事情,它為人類發展提供了一個可能性:在無條件的基本收入保障的情況下,沒有工作束縛的人們有更多的閒暇時間去從事自己感興趣的事情,這樣便有可能實現馬克思的夢想:上午打獵,下午釣魚,晚飯後從事批判。

人工智能和馬克思勞動價值論兩者之間並不是一種對立衝突的關係,人工智能所進行的勞動是活勞動在新的社會發展條件下所表現出來的一種特殊的形式。面對人工智能視域下對於馬克思勞動價值論的

---

① 馬克思恩格斯選集:第 1 卷[M].北京:人民出版社,2012:422.
② 馬克思恩格斯選集:第 2 卷[M].北京:人民出版社,2012:61.

質疑,我們應該直面挑戰,堅持與發展馬克思勞動價值論,讓馬克思勞動價值論在新時代下繼續指導我們的實踐,馬克思勞動價值論在新時代仍然閃耀著璀璨的光芒。

第三節 人工智能與資本主義生產理論

人工智能是研究、開發用於模擬、延伸和擴展人的智能的理論、方法、技術及應用系統的一門新的技術科學[①]。這個詞早在 1956 年夏季的一場科學家聚會上被提出,卻在近幾年才成為了一個令各行各業都無比關注的熱點新詞。很多人僅僅看到了它在計算機領域的貢獻,但是實際上它在當今的經濟生產中也發揮著極大的作用。它在生產上的運用主要包括:機器人的應用、動視覺檢測檢驗產品質量、自動調節優化產量以及維修預測……這些運用有力地推動了資本主義生產的進步與發展,並且在勞動生產率、剩餘價值的生產等方面引起了新變化。

一、人工智能的推廣充分提高了勞動生產率

勞動生產率是指勞動者生產某種產品的能力,它反應了勞動者的生產效率,它的提高可以創造更多的使用價值,表現為產品量/勞動時間。決定勞動生產率高低的因素有:勞動者的平均熟練程度,不僅指勞動實際操作技術,而且也包括勞動者接受新的生產技術手段,適應新的工藝流程的能力;科技水準及其在生產中的應用程度;生產過程的社會

---

① 人工智能百度百科,https://baike.baidu.com/item/%E4%BA%E5%B7%A5%E6%99%BA%E8%83%BD/9180? fr=aladdin#1.

結合形式;勞動對象狀況;自然條件等。① 人工智能的推廣使用對以下三個方面分別產生了有利的影響:

(一)在勞動者的平均熟練程度方面

以現在大量引入工廠的機器人來說,對於一些使用它們的流水線工序,許多技術人員只需要坐在電腦面前,通過中央系統來監控工作過程就足夠了。這既不需要勞動者們有非常高超的手藝與技術來完成製作,也不需要和學位含金量相當的知識來操縱機器人,輸入啓動程序,設定好工作時間和週期,然後就只是監視著生產過程以防意外發生,大大提高了勞動實際操作技術的效率。此外,作為一門新興的學問,並且被社會廣泛推崇,人工智能無疑吸引了一大批新時代勞動者的目光,他們所處的年代也提供了學習與嘗試的機會,因此他們能夠更好地接受這樣一項新技術。即使是老一輩的勞動者也會因為這項技術如此便捷而心動,從而為了跟上時代的潮流來學習並接受它。

(二)在科技水準及其在生產中的應用程度方面

雖然人工智能目前還處於非常初級的階段,沒有辦法與人腦比擬,而且還只在有限的工作領域中得到應用,但是我們仍然能看出其科技水準的巨大潛力。富士康作為全球最大的代工企業,也開始讓各種機器人進入工廠。早在 2011 年,富士康就宣布要購買 100 萬個機器人,並在 2012 年年底開始在生產線上推廣。富士康老板郭臺銘表示,到 2014 年要製造 30 萬個機器人,用來取代生產線上單調、重複性高但危險性強的工作。一年多後,這款名叫「Foxbots」的機器人成功亮相——它是富士康專門為蘋果 iPhone6 研發的,每個 Foxbots 可以負責 3,000

---

① 編寫組.馬克思主義政治經濟學概論[M].北京:人民出版社,2011:44.

臺機器的組裝(騰訊財經,2015)。由此可見人工智能的科技應用已經達到了一個不可阻擋的程度。

(三)在生產過程的社會結合形式方面(主要是生產管理方面)

由人工智能自動調節優化產量和機器參數調整的功能,我們可以通過人工智能對未來情況的預測,編製生產計劃、生產技術準備計劃和生產作業計劃,通過合理組織生產過程,有效利用生產資源,經濟合理地進行生產活動,以達到預期的生產目標。

對決定因素的有利影響進一步刺激了企業個別勞動生產率的提高,在創造更多使用價值的同時也增加了社會價值總量。

二、人工智能的推廣促進了剩餘價值的增加形成新的工資問題

剩餘價值就是雇傭工人所創造的並被資本家無償佔有的超過勞動力報酬的那部分價值,是雇傭工人在剩餘勞動時間創造的價值。剩餘價值的生產形式有絕對剩餘價值生產和相對剩餘價值生產兩種,其方式都是延長了工人的剩餘勞動時間,增加了資本家無償佔有的剩餘價值量[①]。

因為勞動者是工人,他們需要休息以及購買自己的生活必需品,不可能無限地延長勞動時間來創造剩餘價值。但是當人工智能被推廣後,人們不難發現機器人不需要休息或購買必需品,它們所需要的只有動力、保養和維修而已。另外,過去十年,人口紅利銳減,廉價勞動力帶來的競爭優勢不斷被削弱。製造業從業人員平均工資增長了3倍,年平均增幅達15%。而機器人價格則每年下降30%,再加上很多低端領

---

① 編寫組.馬克思主義政治經濟學概論[M].北京:人民出版社,2011:110,116.

域出現用工荒,對於企業來說,大規模採購機器人顯然更為劃算①。而在一些發達國家,早已經實現了產業分化,毫無技術含量的重複性工作已全部交給機器人來完成,還計劃在2020年實現80%生產自動化。於是資本家縮減了他們雇傭工人的數量,並用各種機器人和智能機器取而代之,因為他們發現這一舉動不僅可以節省大量人力成本,可以在當初購買機器花費的基礎上幾乎無限地延長勞動時間以創造使用價值,獲得了大量相對剩餘價值的同時不用擔心法律問題和道德譴責,還避免了與工人階級的直接衝突。畢竟資本家的本質就是竭盡全力地獲得剩餘價值,人工智能的推廣十分符合他們的心意,儘管這會導致越來越多的工人失業。

在此補充一下,機器人取代人類工作還替資本家省去了要給工人發放工資的煩惱。工資的本質是勞動力價值或價格,而勞動力是人體中存在的、當人生產某種使用價值時運用的體力和智力的總和②。既然人工智能不是人類,那麼它們的勞動也不用支付工資。自資本主義誕生起就一直讓資本家頭疼的問題即工資問題如今似乎終於可以解決了,勞資矛盾也不會變成流血暴力衝突。

三、人工智能未來對資本主義生產引起的新變化及其在此領域的發展趨勢

在目前鼓勵將人工智能在工廠使用的大環境下,將來資本主義企業生產可能呈現出以下變化:

(一)生產社會化會進一步發展

在經歷了兩次工業革命和第三次科技革命後,資本主義生產的分

---

① 騰訊財經.魔鬼經濟學[M].北京:東方出版社,2015:218.
② 編寫組.馬克思主義政治經濟學概論[M].北京:人民出版社,2011:108.

工日益明確且更加精細,不同的企業與部門之間的聯繫日益緊密,而人工智能能夠加深這個過程。沿著歐洲的機器人發展路徑看,它將機器人的概念進一步延伸,標準化、模塊化、智能化、網路化成為歐洲機器人發展的重要方向。工業 4.0 計劃、智能工廠等創造了機器人技術和零部件的巨大需求市場,機器人和傳統機器的結合、機器通過網路和人的結合等,使得工業機器人、服務機器人之間的概念開始模糊,機器人技術和產品開始向傳統產業滲透[①]。繼而運用機器人的先進產業可以與傳統產業相互聯繫,共同生產,並可能在未來形成統一的市場。

(二)勞動對資本的隸屬關係會不斷加深

由於機器人和智能機器的推廣應用,許多市場部門都出現了自動化與半自動化趨勢,導致了被雇傭的工人數量大幅度下降,資本家也加深了對勞動過程的控制。離開了生產所用的自動化器械,工人們無法從事生產活動,不得不更加依賴於資本。資本家正是通過資本生產力這種手段來支配資本,統治雇傭的勞動者,以求獲得更多的剩餘價值。

(三)人工智能未來的應用趨勢

(1)運用範圍更廣,面向人群更普遍,不僅僅是製造業,在服務業及其他第三產業上也將出現人工智能的身影,例如諮詢信息服務方面新開發出來的諮詢機器人。

(2)應用更加先進,功能更豐富。日前各國都加大了在人工智能方面的投入,旨在更好地利用人工智能在各行各業提高勞動生產率,創造出更多的財富,方便人們的生活。

(3)在國際化大生產中發揮重要作用,有了人工智能來優化產量,根據大數據制訂生產計劃,各國間的生產合作會更加細化,銷量也將進

---

① 佚名.機器人發展現狀和趨勢[EB/OL]. https://wenku.baidu.com/view/404973ddc5da50e2524d7fe7.html.

一步提高,產品在世界各地的運輸速率還能更快地提升,節省了許多時間和精力(見圖4.1)。

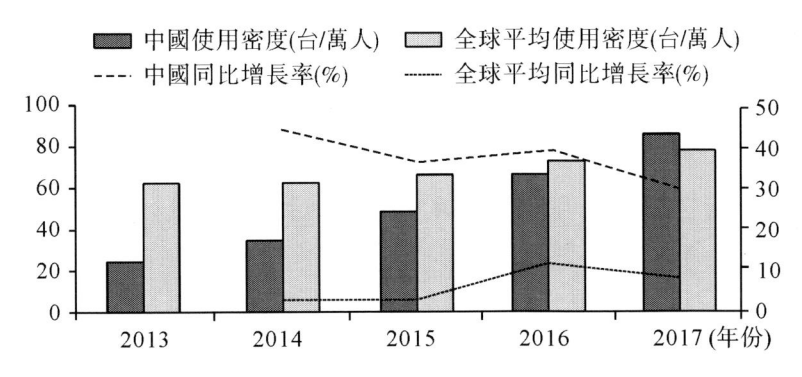

圖4.1 2013—2017年中國與全球工業機器人使用密度及增長率

資料來源:慕尼黑全球首發:2018年中國機器人產業分析報告[EB/OL].http://m.ikanchai.com/pcarticle/220346.

從圖4.1可看出,近幾年中國在生產中的工業機器人使用數量不斷上升,增長率維持在零以上,有良好的發展前途。同理,人工智能也會在經濟生產中應用得更多,發揮更大的作用。

人工智能的推廣使用與發展帶給資本主義生產的影響是利大於弊,由此看來,生產上的變革又將開始了,對社會主義的中國來說,是緊跟時代的步伐,使自己做大做強的時候了。

第四節　人工智能與勞動理論

2016年3月,著名的人工智能阿爾法狗戰勝了世界圍棋冠軍李世石,使世界第一次見識到了人工智能的力量。然而,這並非人工智能的第一場戰鬥。早在20世紀50年代,人工智能學科便已具雛形。從21世紀初的超級電腦「深藍」,到今天遍布全球的人臉識別系統,無一不是

人工智能力量的體現。

而在工業領域或者說許多高尖端行業的前沿生產線上,人工智能正在代替過去流水線上忙碌的勞動者。據不完全數據統計,諸如大眾、通用、福特等汽車巨頭已經實現了80%以上工廠的自動化生產。而無人車間、自動工廠等,也隨著「中國製造2025」的提出在華夏大地上生根發芽——珠三角、長三角等地區的無人工廠也比比皆是。

人工智能的普遍發展與應用,引發了人們對人工智能與現實的人的關係之間的思考(王閣,2018)。「人工智能會取代工人嗎?」「應用無人工廠的高科技企業利潤從何而來」「人工智能可以產生價值嗎?」等問題層出不窮。對諸如此類問題的解答,是對馬克思政治經濟學在新時代的探索,是對滯後於社會主義經濟實踐的社會主義經濟理論的補充。

美國麻省理工學院溫斯頓教授(2016)說:「人工智能就是研究如何使計算機去做過去只有人才能做的智能工作。」這就說明,人工智能本身是一種勞動資料,是對人類最精密的器官——大腦進行延伸的工具。而馬克思在《資本論》中這麼描述勞動資料/工具:「勞動者直接掌握的東西,不是勞動對象,而是勞動資料……這樣,自然物本身就成為他的活動的器官……延長了他的自然的肢體……土地也是他的原始勞動資料庫……加工過的石塊、木頭、骨頭。」①由此可見,無論是原始人使用的石塊,還是工業革命時期紡紗工人所用的紡紗機,乃至今日無人工廠裡的人工智能,都屬於工具的範疇。

的確,現在的人工智能在一定程度上是對人類大腦,乃至對人的意識的模擬,但在本質上,卻是與完全的人腦活動難以等價的。好比人類

---

① 馬克思.資本論[M].北京:人民出版社,2004.

圈養的牛羊也會自動地干活,如像人一樣推磨、耕田,但卻與人本身做這些事的情況大相徑庭。馬克思對此早有深刻的見解:「動物只是按照它所屬的那種尺度和需要來構造,而人卻懂得按照任何的一種尺度來進行生產,並且懂得怎樣處處都把內在的尺度運用到對象上去;因此,人也按照美的規律來生產。」①由此可見,人工智能與人的根本差距在於缺少主觀能動性,雖然其科技含量已高出馬克思生活年代的工具與機械許多倍,但它依舊只是按照人的目的性進行「機械性」地輸出,並不歸屬於任何的人類體力或腦力勞動。簡而言之,它的唯一「目的」仍是實現人類的目的,它的唯一「意識」便是人腦意識的延伸與複製②。(這裡需要做一個闡明,理論上,人工智能分為兩類:弱人工智能與強人工智能。弱人工智能是我們非常熟知,也是當今學界主要研究和發展的方向,所有當今我們熟悉的阿爾法狗、微軟小冰等都屬於這個範疇。所謂弱人工智能即只不過看起來像是有智能的機器,但是並不真正擁有智能,也不會有自主意識。本章考慮到現實性與普遍性,對於人工智能的論述也是基於弱人工智能這一標準展開。而強人工智能的定義則為本身就擁有知覺,有自我意識的機器。由於當前尚未有這樣的技術產生,所以仍是科學幻想。不過,若強人工智能真的產生,必然會帶來許多哲學和倫理的思考,其能否主觀能動地產生價值這一點更是有待商榷,故本書不將其納入討論範圍③)

基於此,我們終於可以做出判斷:人工智能本質上是更高級的工具,它至多只能成為價值的轉移者,也就是物化勞動,而不能成為勞動價值產生的活源泉。故雖當今社會已經發生翻天覆地的變化,馬克思

---

① 馬克思恩格斯選集[M].北京:北京出版社,2012.
② 徐興豪.對馬克思剩餘價值理論的再認識[J].西藏發展論壇,2017(11).
③ 謝錦江.塞爾的意向性理論與人工智能的未來[D].武漢:華中師範大學,2009.

政治經濟學的核心——勞動價值論依舊保持著它的科學性與重要地位。不過需要明晰的是，雖然在當代，人類的勞動依然是價值產生的唯一源泉，但「勞動」一詞的具體內涵可能和馬克思所處的時代不盡相同，在形式上也會有重大變化。

「這樣一來，紡紗工人就得創造雙重奇跡：一方面，他在用棉花、紗錠、蒸汽機、煤炭、機油等紡紗的同時又生產這些東西……」[1]我們可以看到，在馬克思的描述中，當時的工人雖然已經有了蒸汽機，紡紗機等工具，可生產方式還是以體力勞動為主，產出的價值依舊是直接附著在物料上的——即可將當時社會的主要勞動視為簡單勞動。

而在今天，人們勞動的形式呈現多樣化，除了過去已經常見的管理勞動這種複雜勞動，還有人工智能時代所獨有的知識勞動。這種勞動本質上依然是一種複雜勞動，借助於人類的智慧，大腦的勞動力的消耗，將價值凝結在科研成果或者專利等形式中外顯出來，也就是所謂的知識產品[2]。這種勞動的生產資料除了人類聰慧的大腦，可以是許多前人留下來的方法與秘訣，比如當我們計算某個函數的不定積分時，可能會用到泰勒公式，或者是一些輔助工具，比如我們計算時要用到的計算器和草稿紙。而我們的生產對象，則是已知的知識體系或其一部分，比如我們在前人的探索中寫出了自己的論文。新產生的知識產品則迴歸知識體系，成為其增值的一部分，在這個過程中，只有人類對其賦予了活勞動。如果用 K 表示知識，D 表示個人的思考成果（這裡 K 取自 Kenntnisse，德語「知識」；D 取自 Denken，德語「思考」），那我們可得到知識增值公式：

$K \to W \to K'$ 即通過個人的活勞動，創造了新的知識。

---

[1] 馬克思.資本論[M].北京:人民出版社,2004.
[2] 馬慶泉.新資本論綱要[M].北京:中國人民大學出版社,2004.

知識產品本身是否具有價值呢？答案是肯定的。首先，每一個新的知識產品，既蘊藏著舊有的人類腦力勞動產生的價值，也有在最新的一次思考中賦予的新的勞動價值。其次，我們知道，這裡的知識產品價值的表現形式也為價格，在這個人工智能時代，許多好的科研成果或是專利總能為創作者帶來不菲的收益，顯然，是有人看中了知識產品中蘊含的價值，促成了這個特殊的抽象商品完成了驚險的一躍。而那些沒有參與交換的知識產品呢？他們大多是因為科研工作者的無私直接公布於眾，如愛因斯坦關於相對論與光電效應的兩篇論文，對後世微電子、航天航空等產業產生巨大影響，但他卻分毫不取，相當於直接將他的勞動成果分享給大家。這一類的知識產品，必然以勞動資料——如人工智能的算法、原料——如許多德國汽車的符合空氣動力學的流線型設計、輔料——如車上裝載的 GPS 導航系統等進入了實際的社會生產過程當中。

　　需要指明的是，正如馬克思提到的「合格的勞動力必須具有在該專業占統治地位的平均的熟練程度、技巧和速度」[1]，合格的知識產品自然是要有一定的保障的，即至少有一天肯定能被人們用上。否則，便會像工業時代的破棉絮那樣被拋棄，即便蘊含著人類的價值凝結，也因為預期的使用價值較低或近乎沒有而被白白浪費掉。而對於第一類知識產品，資本家或者企業買下它的目的自然也是為了獲取利潤，也就是收穫這些科研成果或者專利的使用價值。總而言之，無論是第一類還是第二類知識產品，只要它們有著一定的預期使用價值（即不會出現不切實際的漏洞百出的理論或者一些天馬行空者純粹的空想），總會被人發現並應用，實現它的使用價值。

---

[1] 馬克思.資本論[M].北京:人民出版社,2004.

於是，我們發現，對於知識產品或者說當今社會（特別是在藝術界、文學界）來說，可能存在價值的實現與使用價值的實現的分離！對馬克思活勞動的理解也不應僅僅局限於「現場」的狹義理解，人工智能時代許多價值從創造到實現，是具有時間與空間跨度的。不同於工業時代，紡織工人織出來的棉布在凝結了人類價值的同時，也直接出現了使用價值，當今的知識產品有可能在實現了價值後等好幾個世紀才可能被發掘到其使用價值。如 18 世紀便有人研究素數隨機理論，可直到 20 世紀，才有人將其應用於密碼鎖並出售。

　　同時，知識產品的價值是具有單一性和耐消耗性的。所謂單一性，也就是完全相同的知識產品的價值只能被創造一次，源於科學知識的共享——一個科學家研究出了成果，不久後全世界這個領域的學者都會知曉，固然依然有人可以進行重複的研究，不過他的個人思考將無法完成知識增值，只有 K→D→K。

　　而耐消耗性，則是指知識產品由於其非物質性，其內在價值可以在很長的一段時間內都不會消減為 0，比如 15 世紀的歐拉公式，當今依舊頻繁出現於模電、自動化等構成人工智能「靈魂」的領域。只有當知識產品被證偽，如亞里士多德的物理原理，或者這些公式已經植根於絕大部分大眾的內心，如牛頓三定律，這個知識產品的價值才徹底地被轉移。（不過二者有顯著的不同，亞里士多德的理論在證偽後由於缺少使用價值，從而無法成為生產資料，故而對人類來說等於沒有價值，而牛頓三定律則是因為大家都已經掌握，在任何社會生產中都會用到，假設牛頓三定律價值為 W_0，而社會生產的產品為 W_n，則有 $W_1 = W_0 + W_x$，$W_2 = W_0 + W_x$……其中 W_x 表示其他價值。則對於不同的任何產品，W_0 的存在與否都是可有可無的，因為在等價交換的前提下，W_0 會自動抵

消掉,故此時可以不考慮牛頓三定律所蘊含的價值。)①

正是由於上述兩個特性,對知識產品價值的衡量,恐怕不能簡單地用社會平均勞動時間來表示。因為腦力勞動本身就是一種難以分析的複雜勞動,而知識產品之間的特異性,又決定著彼此之間難有一個共通的量化標準,如怎樣才能弄清相對論與量子理論兩個原理之間的價值關係?因此,我們需要另闢蹊徑。

我們知道,創作出知識產品的科研人員、知識分子並未直接參與到社會生產過程,而是通過知識產品間接參與。這本質上是其勞動價值在時空跨度上的實現。因此,我們設其價值為W0,產品價格為Wn,其他所有價值為W1+W2+W3+……,則有:

W0=Wn-(W1+W2+W3+……)②

由此,我們不但可以定量地計算出知識產品在人工智能時代的無人工廠所產生的價值量,也為我們發掘當今剩餘價值的產生與分配規律打下了基礎。

為何西門子、大眾等跨國行業巨頭可以實行長達十來年的無人化生產,卻始終賺取如此高昂的利潤?顯然,這些跨國大資本家實行了剝削,那他們剝削了誰呢?

(1)科研工作者以及知識分子的剩餘價值。前文已述,科研產品以及專利分為兩部分,前者為免費公開,後者則被一些資本家買來壟斷。據資料顯示,大量知識產品由於科研工作者的科學研究精神和無私心(因為和前人所做相比,他們僅僅做出了微小的貢獻,他們做的大部分

---

① 劉冠軍,刑潤川.科學價值——無人工廠之利潤的真正來源[J].科學技術與辯證法,2004(5).
② 吳順虎.知識經濟條件下勞動價值論的新發展[J].中國人民大學學報,2004(6).

工作是不以營利為目的的①)免費地發到學術界共享。如此一來,資本家不但不用支付滿足其基本生存需求的工資,還可以獲取這些知識產品的全部價值,只要資本家們能夠將它們運用到社會生產中,利潤自然滾滾而來。而對於另一部分知識產品,絕大多數也以低於其價值的價格成交了,如著名的 NFC 技術就被其創始人以 200 萬美元的低價出售,而顯然,根據我們上文得到的公式,NFC 技術借助手機行業體現出來的價值已經是超千萬美元規模了。更為可怕之處在於,壟斷是資本的天性——「這種行業的不幸……是在於它被 26 個資本家所壟斷,這些資本家利用資本所產生的權勢,硬要從勞動裡實現節約……」在工業時代,資本家的壟斷便已達到如此之高的程度,而在人工智能時代,這個以科學技術為基礎建起的摩天大廈上,若許多關鍵的知識產品被少數資本家壟斷,後果將不堪設想。

(2)無人工廠並非真正「無人」。所謂無人工廠,其實在現代並不能獨立存在,其生產線上先進的技術工藝要求有更高級的宣傳者、管理者與操縱者,這必然是複雜的腦力勞動。如著名的可口可樂公司,其雖有全自動的生產線,但其員工主要分佈在行銷以及宣傳部門,其能獲得巨大收益與利潤,與這些員工不無相關。更何況,即使是生產線附近,也需要有優秀的技師來觀察狀況,如寶馬的全自動生產車間便是如此。而由於他們都進行著複雜的腦力勞動,故相對縮短了必要勞動時間,所以他們的剩餘價值率要遠高於一般的流水線工人,資本家借此大發橫財。

(3)利用技術壁壘維持超額利潤。馬克思在《資本論》中寫道:「不同部門占統領地位的利潤率,本來是極不相同的。這些不同的利潤率,

---

① 劉冠軍,刑潤川.科學價值——無人工廠之利潤的真正來源[J].科學技術與辯證法,2004(7).

通過競爭而平均為一般利潤率。」但現代社會由於專利、知識產權等的存在,對公平競爭造成了極大的干擾。當今,大多數無人工廠都在發達國家,這些國家非常重視用知識產權來保護自己的技術,對發展中國家實行全方位的核心技術封鎖。專利權的存在使得其他國家無法發展類似的技術以生產相同的產品,打亂了正常的供求關係,就好比層級地租一般,產品的價格全都按照技術最弱的即勞動生產力最低的國家的需求來決定,由此擁有無人工廠的企業便可穩坐釣魚臺,坐收漁翁之利。其本質,便是對其他技術差的企業或國家的剩餘價值收割,強行地實行了全球剩餘價值的再分配,可謂資本家頭上的資本家。

第五章　人工智能與經濟發展機遇

　　隨著互聯網技術的不斷發展與成熟，人工智能技術已經成為全世界科學技術發展的新浪潮，被稱為繼蒸汽動力技術、電力技術、信息技術革命後的第四次科技革命。美國麻省理工學院的溫斯頓教授認為：「人工智能就是研究如何使計算機去做人做的智能工作。」這個說法反應了人工智能學科的基本思想和內容，即人工智能是通過研究人類智能活動的規律，從而構造具有一定智能的人工系統，目的在於讓計算機去完成以往需要人的智力才能勝任的工作。

　　面對人工智能的技術浪潮，世界上許多國家早已將發展與應用人工智能作為重要的國家戰略，旨在於抓住第四次科技革命的發展機遇，以求搭上新一輪科技革命的「早班車」，迎來整個國家的階梯式跨越。從黨的十九大報告中，也能看出中國政府對於人工智能技術領域的充分重視。十九大報告中直接涉及互聯網、信息網路、大數據和人工智能的論述共有 12 處，強調要推動互聯網、大數據、人工智能和實體經濟深度融合，要「利用人工智能與互聯網技術為建設科技強國、網路強國、交通強國、數字中國、智慧社會提供有力支撐」。

　　以人工智能為代表的互聯網技術能為加快中國特色社會主義建設帶來新的想法與機遇，但同時也會隨之面對一些需要規避與抵禦的風

險與挑戰。面對新一輪的科技革命,我們要保持正確的視角和清晰的頭腦,要正確發揮人工智能對中國特色社會主義新時代帶來的積極效應,又要立足中國目前的基本國情,深刻瞭解並盡量規避人工智能科技浪潮背景下可能會出現的社會新問題,以求迎來更快、更廣及更深層次的全面發展。

第一節　人工智能與時代新機遇

一、人工智能催生新產業和新技術

人工智能是研究、開發並用於模擬、延伸和擴展人的智能的理論、方法、技術及應用系統的一門新的技術科學。人工智能作為生產力的範疇,基於其自動化、智能化的特點,在合理的應用下,能夠促進新產業的誕生。

現階段,人工智能技術主要應用於電信、教育、金融及消費電子領域。國內企業研發的人工智能產品主要服務於以語音識別與服務機器人為支撐的教育、家庭護理、消費電子領域。從整個國內人工智能行業的發展情況來看,國內的人工智能產業正處於技術研發向市場應用及推廣的過渡期,市場上也出現了越來越多的利用人工智能技術的耳熟能詳的高新科技產品。例如,智能照明是伴隨人工智能而誕生的一個全新產業,也是日常生活中最常見的利用人工智能技術改變人們生活的一個例子。智能照明能夠根據區域功能、不同時間、光亮程度或區域用途來自動控制照明。除此之外,具有人工智能技術的拍照手機也成為國產手機趕超國外品牌手機的一個有力賣點,通過嵌入人工智能拍

照技術,手機能夠分析鏡頭中的不同場景從而切換不同的拍照模式,使得僅用小小的手機也能拍出可以媲美專業相機的照片,更加方便了人們的生活。

自黨的十九大報告發布以來,中國各大互聯網企業家也紛紛表示了對十九大報告中指出的有關互聯網、信息網路、大數據和人工智能等相關專題報告的看法。京東集團 CEO 劉強東表示,人工智能技術能夠輔助加快實體經濟和數字經濟的深度融合,有助於傳統經濟產業的快速轉型和發展。螞蟻金服 CEO 井賢棟表示,類似於螞蟻金服這樣的互聯網金融企業就是人工智能技術浪潮下催生的一個新的產業,通過互聯網和人工智能、大數據等技術作為有力推手,不僅在傳統金融服務的基礎上出現了更多不同形式的金融服務業務,也使得金融服務「不再高大上」「走下了神壇」,除大工廠和大企業這些主動脈,「千千萬萬的小商小販和消費者通過小額便捷的支付、理財、信貸等金融服務改善了經營情況和生活狀態」。

人工智能催生的新產業和新技術不僅以肉眼可見的速度真真切切地改變著每一位中國人的生活,未來還會有更多的行業和產業融入人工智能技術,為中國實體經濟創造更多的機會與更大的增長點和更強的生命力,成為中國特色社會主義新時代的有力引擎。

二、人工智能助力傳統產業升級

傳統產業,主要指勞動力密集型的、以製造加工為主的行業,如制鞋、制衣、光學、機械、大型製造業等行業。隨著中國勞動力成本的迅速上升和高新技術發展的衝擊,傳統行業面臨著越來越多的威脅與挑戰,產業轉型迫在眉睫。尤其是互聯網行業的興起,更是給傳統行業致命一擊。新興的科學技術像一面鏡子,照射出了傳統行業的弊病,看似對

傳統行業進行剿殺,實則是給予了傳統行業轉型的良機。

《中國製造2025》是中國政府實施製造強國戰略第一個十年的行動綱領,其中指出,「《中國製造2025》這一中長遠戰略目標的實現離不開人工智能和傳統產業的深度融合,二者之間的融合必將打破傳統製造業降低成本、提高效率、滿足定制這一『三角困境』,改變傳統產業以往的發展邏輯」。除此之外,十九大報告也指出:「未來五年要重點通過智能製造建設製造強國,發展智慧經濟建設智慧社會,傳統產業借助人工智能技術實現產業轉型已成為未來發展的一大趨勢。」由此可見,傳統企業不僅要改掉企業存在的弊病,更要及時踏上人工智能這趟技術革新的列車,才能在技術浪潮的夾層中找到新的出口與曙光。

在《中國製造2025》的引領下,中國越來越多的傳統製造產業踏上了產業升級的道路。例如,海爾公司打造了海爾智能工廠生產線,在這個「智能工廠」裡,每秒就會誕生一臺洗衣機,極大地提高了生產效率,降低了生產成本,提高了產品價格競爭力;極飛公司發布的最新一代植保無人機,不僅能夠完成農藥噴灑工作,更能利用人工智能技術使得無人機能夠自主規劃飛行路徑和靈活避障,為傳統農業的轉型提供新的助力。這些例子均表明人工智能與傳統產業實現深度融合將有助於傳統產業打破困境,實現轉型升級。

三、人工智能能夠加快全球化進程

清華大學創新創業與戰略系李東紅教授曾分析道,在中國有很多民營企業處在過剩產能行業,而中國正處於經濟增速換擋期,投資機會減少,投資回報下降,企業在這個時候不能只放眼於國內市場,「走出去」才是尋求發展的必然選擇。在中國企業「走出去」的過程中,以人工智能為代表的新技術在其中起到了重要的橋樑作用。例如:越來

多的電商應用的出現，為國內外產品搭建了一個有力的貿易平臺，中國企業不僅可以方便輕鬆的下單國外原材料，也可以利用貿易平臺銷售產品，從而拓寬了產品的銷售渠道；再者更加輕鬆便捷的交流方式也大大提高了企業國際化進程，智能化的語音翻譯助手能夠實現世界上多種語言的即時翻譯，比同音傳譯速度更快且成本更低，使得國際會議、合同談判等更加方便快捷，實現了中國企業在全球化過程中的語言零障礙。

四、人工智能背景下面臨的新挑戰

(一) 產業轉型引發的失業問題

每一輪科技革命都會帶來新一輪工作革命，隨著人工智能技術的日益發展，其在不久的將來將會代替人類完成更多的工作，從而也會有更多的就業崗位會伴隨著人工智能的興起而消亡，並會引發一些就業問題。清華大學公共管理學院副院長朱旭峰預計，「未來將會有多達710萬個工作崗位消失。那些低薪低技能的勞動者將在這次工業革命中變得越來越多餘」。此外，美國斯坦福大學卡普蘭教授在研究中發現，在美國註冊在案的職業中，將有47%被人工智能取代；而在中國，被人工智能取代的比例可能將超過70%。

目前學者認為，人工智能的就業替代效應主要表現在以下三個領域：一是人類勞動本身就無法滿足的高精度、高硬度和低成本要求的產品製造領域，例如芯片的製造，這類領域的智能化不會引起就業問題；二是勞動強度較大、生產條件較差、生產環境較惡劣的工作崗位，譬如煤炭挖掘、礦山開採等，這類替代情況目前已經存在；三是勞動成本較高、具有重複性且較枯燥的操作性工作，譬如鋼鐵煉制、售票檢票、安檢、銀行前臺服務等，這類崗位的替代現象也已經開始出現，但並未完

全替代。隨著人工智能技術的繼續深入發展,第二類和第三類崗位面臨著被完全智能化的危機,尤其是常規性、程序性的工作崗位會面臨巨大衝擊。

(二)中小傳統企業危機重重

人工智能的科技浪潮在為傳統產業轉型提供新的活力的同時,也必然會淘汰一批沒有能力轉型或轉型失敗的企業,相對於走在各自行業前端的大型企業,身處傳統行業中的中小企業更加危機重重。對於這類中小企業而言,技術能力與經濟實力的缺乏是無法轉型或者轉型失敗的主要原因;再加上中小企業的領導者缺乏人工智能背景下行業轉型的相關知識和長遠眼光,沒有能力清晰準確地預測所處行業的發展規律和前景,從而更難趕上飛速行進的傳統行業轉型列車,成為第四次科技革命進程中的犧牲品。

(三)人工智能技術的人權倫理問題

將人權作為一種普世性的訴求及人類文明進步的標誌已得到越來越多國家的認同。2004年,中國將人權寫入憲法,這是中國法律史上更是道德思想史上的一座里程碑。毫無疑問,人權概念蘊涵著倫理的思想。「所謂人權倫理,即人權中本身蘊涵的基本倫理道德以及在一切人權制度、人權活動中所體現出來的道德價值和倫理關係。」人權倫理旨在實現人的本質及人的自由與全面發展,並且主張把人當人來看待。

隨著人工智能技術的快速發展,各種「人工生命」相繼問世,使得「人權」遭受了前所未有的挑戰。現在程序代碼已經能夠使智能機器人擁有人的某些特性,甚至在某些方面的能力已經遠遠超過了人類。隨著人類與智能機器人的交集越來越大,智能機器人似乎正在侵犯人類人權,而且對於是否給機器人以人權的爭論也越來越激烈。

首先值得關注的就是人工智能技術的責任倫理問題,人們不禁思

考,未來,如果無人駕駛汽車出現交通事故,究竟應該由誰負責?由汽車製造廠商、車主還是由智能汽車本身呢?目前炒得火爆的「抖音」APP事件也是備受關注,面對為了走紅贏得點擊量而出現的直播撬車牌、偷東西等短視頻,很多網友認為其對社會造成了嚴重的不良影響,紛紛呼籲各大應用商城下架「抖音」APP,而「抖音」的開發公司「字節跳動」的 CEO 張一鳴則表示「代碼無罪」,此類事件的責任不應該由字節跳動公司承擔。

再者就是道德地位倫理問題。隨著以 AlphaGo 為代表的具有思維的智能機器人的出現,不難相信,未來的機器人可能會擁有其自身的思維和情感,他們應該被當作人來對待嗎?如果被主人打罵,這類行為是否違反道德呢?這些問題都值得思考。

筆者認為,應從以下幾個途徑去解決人工智能技術帶來的人權倫理問題:

(1)規避失業問題,放大人工智能就業創造效應。在中國特色社會主義新時代下,規避失業問題,放大人工智能就業創造效應主要有以下幾個途徑:一是深化高等教育和科研體制改革,高等教育機構應該圍繞人工智能的發展設置相應專業。國家應該加大人工智能基礎教育和基礎科研的支持力度,加強培養該方面的領軍人才、基礎科研人才、中高端技術人才及其相關人才,以及兼顧人工智能與經濟、社會和法律等橫向跨界人才的培養,注重培養各類人工智能複合型人才。二是政府應該加強職業技能培訓力度,同時應完善失業人員再就業扶持政策,鼓勵失業人員轉崗培訓和繼續教育,以求最大限度地降低人工智能帶來的失業問題的影響。三是國家應出抬政策,繼續多方位鼓勵創新創業,其不但要鼓勵更多的與人工智能等新興產業相關的就業,還要創造其他方面的就業崗位以滿足不同就業群體的就業習慣和就業需求,也有利

於削弱由人工智能發展帶來的就業極化現象。

（2）國家應積極助力傳統行業的轉型升級。在人工智能的發展浪潮中，傳統產業在技術和數據等方面存在劣勢，僅僅依靠自身力量獨自開發和應用人工智能技術的成本很高，失敗的風險很大。因此，國家應該加大對於傳統行業企業轉型的關注；尤其是對於傳統行業中的中小企業，國家要在政策上予以指導並在經濟上給予支持。另外，互聯網企業應積極回應國家政策，助力傳統產業的轉型升級，將「中國製造」這張新名片傳遞出去。只有依靠來自自身、國家和其他行業的全方位力量，傳統產業才能真正實現人工智能技術的落地、生根直至結果。

（3）學術界應推動人工智能倫理問題的應對策略思考。目前，中國已經有一些學者開展了對於人工智能倫理問題的研究，並提出了一些應對策略的建議，其認為要在多個層面上加強對於此類問題的應對：在技術層面上，要加強國際間人工智能的交流與合作，使人工智能技術融入更多哲學思想；在人類自身層面上，科學家也應該增強道德責任感，把握技術發展方向；在社會層面上，要增強公眾倫理觀念，營造良好的社會輿論氛圍；在制度層面上，要通過立法規範人工智能技術的發展，通過構建人工智能技術倫理準則來避免人權倫理道德問題的發生。

但是，目前中國人工智能的發展仍處於探索和推進的初級階段，人工智能引起的人權倫理問題並未造成嚴重社會影響，因此現階段也並未在學術界引起十分強烈的重視，但是人們不能否定未來伴隨人工智能深入發展而出現嚴重人權倫理問題的可能性，因此學術界應該更加積極地推動對於人工智能倫理問題的應對策略思考，以求為未來可能出現的問題提供更多且更有效的應對措施。

第二節　抓住人工智能背景下的發展機遇

　　人工智能是一門新技術科學,主要專注於研究、開發,將之用於模擬、延伸和擴展人的智能的方法、理論、技術以及應用系統。而人工智能翻譯則是一種運用計算機語言學、數理邏輯和形式化方法、人工智能等多種方法和手段,並通過計算機的途徑將一種自然源語言的句子、段落或全文翻譯成另外一種自然目標語言的技術,其中包含了語言學、數學、計算機科學等多種科目的典型的多邊緣交叉的新學科。

　　從經濟學角度分析,新的技術經濟發展的衡量要依據全要素的增長率來判斷。人工智能的發展將有希望改變經濟發展基礎,為社會創造出更多的經濟效益,為此產生具有顛覆性、廣泛的社會影響,對生產效率的提高帶來機遇。人工智能作為一種全新的生產要素,為社會的發展增設了一個虛擬勞動力,可以快速、敏捷地解決人類複雜的任務。其一,傳統的機械化生產局限於某個任務,但是人工智能領域的勞動力生產可以簡單靈活地解決多個行業的問題,從而有效提高經濟的運行效率、降低生產的成本,展開更加廣闊的經濟發展空間。其二,為交易成本的降低提供了機遇。人工智能的模式能夠實現更加準確、精準的服務匹配,可以有效降低信息的不對稱,從而減少傳統的經濟活動中的交易成本。其三,人工智能將為人類帶來數據的經濟時代。根據英國相關預測,2015—2020年,五年數據產業的發展將使英國經濟總量增加2,410億英鎊。可見通過人工智能來分析處理的海量數據將為經濟的持續增長帶來不可預測的效益,相信人工智能也會為中國經濟的持續增長貢獻不菲的力量。

從全球來看,人工智能發展已經從技術變革跨入創新應用的重要窗口期。人工智能作為新一輪產業革命的引擎,對促進技術創新、提升國家競爭力等具有重要作用。各國政府高度重視推動人工智能技術和產業發展,紛紛將人工智能上升為國家戰略,國際知名企業也紛紛將人工智能作為未來的重點發展領域。美國、英國、日本等國家相關研究和應用起步較早,處於領先位置,其中,2000—2016年美國新增人工智能企業3,033家,占全球累積總數的37.41%,美國不僅人工智能企業總數位居全球第一,而且在進入門檻最高的機器深度學習等領域具有顯著優勢。同時,大多數人工智能企業都集中於歐美國家,既有Google、蘋果、微軟、IBM這樣的科技巨頭,也有數量眾多的中小企業,呈現競相發展的態勢。國際數據公司(IDC)預計,到2020年,全球人工智能支出將達到2,758億元,未來5年複合年增長率將超過50%。在中國,政府、資本市場對人工智能的高度重視和持續投資,也將促使人工智能飛速發展,到2020年,中國人工智能技術支出將達到325億元,占全球整體支出的12%。

從中國來看,人工智能產業政策體系得到不斷完善。人工智能迅速發展,無論研發還是應用都取得了較大進展。數據顯示,2007—2016年,全球人工智能領域論文中,中國占比近20%,發明專利授權量居世界第二。過去兩年,中國新增人工智能企業數超過前10年的企業數總和,一批龍頭骨幹企業加速成長,紛紛加速技術出海。2016年7月,國務院出抬關於積極推進「互聯網+」行動的指導意見,明確了人工智能作為重點佈局的11個領域之一,將會在智能家居、智能終端、智能汽車及機器人等領域進一步推廣應用。這是在國家層面首次制定加快人工智能發展的指導性文件。近年來,又相繼發布了《互聯網+人工智能三年行動實施方案》《新一代人工智能發展規劃》《促進新一代人工智能

產業發展三年行動計劃(2018—2020年)》等戰略性文件,系統佈局中國人工智能相關技術產業及應用的發展。人工智能產業政策體系不斷完善,產業規模迅速增長,行業應用持續深入,產業初步形成了從基礎支撐、核心技術到上層應用的完整產業鏈。中國在語音識別、視覺識別、機器翻譯、中文信息處理等方面的技術世界領先,智能芯片技術不斷提升。人工智能創新創業日益活躍。騰訊、阿里雲、百度、科大訊飛等已成為全球人工智能領域的佼佼者,也成為建設新一代人工智能創新開放平臺的重要力量。同時,市場規模不斷擴大,2016年中國人工智能市場規模達到96.61億元,增長率為37.9%;2017年超過130億元,增長率為40.7%;2018年市場規模已達到200億元。目前,市場分佈主要集中在一線城市,42.9%的人工智能創業公司位於北京,16.7%位於上海,13.7%位於深圳,17.7%位於廣州,而浙江、江蘇分別占5.4%、3.6%。

人工智能為新時代中國特色社會主義經濟發展帶來的機遇和挑戰有許多表現。

一、人工智能給中國經濟的增長提供了新的動能

伴隨著中國的適齡工作人群數量增速放緩,固定資產面臨投資產能過剩的現狀,利用傳統的經濟槓桿將不再合適。當資本以及勞動力的增長數量以及速度遇到瓶頸的時候,提升各種要素的生產效率將成為促使經濟成熟發展的重要途徑,人工智能作為一項重要的創新技術,它對各種生產要素的提升力量不言而喻。從埃森哲的相關報告可知,至2035年,人工智能將提升中國經濟發展的年增長率達到1.6個百分點,而且中國的勞動生產率也將上升27%。詳細來說,人工智能不但可以精細化相關農業種植,極大地提高產量以及效率,同時也可明顯降低

製造行業的人工費用及顯著提高生產效率。黨的十九大報告提出要推動互聯網、大數據、人工智能和實體經濟深度融合。2017年7月,國務院在印發的《新一代人工智能發展規劃》中,對中國人工智能發展明確提出了三步走的戰略目標,其中第一步,是到2020年總體技術和應用與世界先進水準同步,人工智能產業成為新的重要經濟增長點,人工智能技術應用成為改善民生的新途徑。這一目標不僅與2020年全面建成小康社會相呼應,而且也是深化供給側結構性改革、推動中國躋身創新型國家前列的重要驅動力之一。推動虛實經濟融合,人工智能等信息技術的地位進一步凸顯。因此,人工智能將成為經濟發展新引擎,它依託互聯網、大數據技術,正在向深度和廣度迅猛發展,成為國際競爭的新焦點、經濟發展的新引擎、社會建設的新機遇。

二、人工智能將促使中國經濟轉型升級

(1)從宏觀來看,將推動中國經濟的轉型。人工智能推動的經濟可以和現有供給側結構性的改革一起促進經濟的轉型。供給側改革措施在一定程度上可減少低端的無效供給,加速不同產業間的整合能力與速度,而且改良優化經營企業內部的治理模式以及組織管理的手段,這些都為人工智能促進經濟發展的順利開展奠定良好的基礎。人工智能可以依據充分的數據信息來顯示出市場供需的變化,以此總結相應規律從而預測出未來發展趨勢。

(2)從微觀角度分析,在經濟層面上人工智能產業推動了中國產業的升級。邁克爾·波特將國家經濟發展分為四個階段,分別是生產要素導向階段、投資導向階段、創新導向階段和富裕導向階段。中國經歷了40年的改革開放,經歷了依靠富足生產要素和大規模投資所推動的高速發展階段,目前,國內企業面臨勞動力成本增加、擴大投資動力不

足等困境,某種程度上,這意味著創新導向階段已經來臨,需要技術創新來驅動企業的進一步發展和整體經濟結構的轉型升級。人工智能作為新一輪產業變革的核心驅動力,將進一步釋放歷次科技革命和產業變革積蓄的巨大能量,形成從宏觀到微觀各領域的智能化新需求,催生新技術、新產品、新產業、新業態、新模式,引發經濟結構重大變革,實現社會生產力的整體躍升。

三、人工智能為中國普惠共享經濟的構建提供了發展機遇

人工智能的核心不僅在於智能製造,還在於以智能製造為基礎的智能交通、智能公共服務等構成的智能化城市建設。在智能交通方面,解決交通擁堵的智能交通系統正在建立,北京和廣州等地均開始了試點推行。在智能公共服務方面,智能客戶服務系統、數字智能圖書館和智能環境監測系統都將改善人們的生活。人工智能也使金融行業的經營和服務模式發生了變化,將進一步提升金融服務實體經濟的效率,並推進普惠金融的實施。

四、人工智能將引領中國經濟發展創新

人工智能將深刻改造製造業、物流、金融、交通、農業、通信、互聯網、教育等各個行業,也將成為今後各個領域的經濟增長動力。它在經濟領域的逐步普及,將激發出大量創新。現今,如無人駕駛汽車要想感知周圍環境並進行相應活動,就需要依靠激光器、雷達、全球定位系統、照相機、計算機視覺和機器學習算法等眾多技術的結合。該市場不僅吸引了新興技術企業,傳統機構也紛紛積極參與其中,從而形成了一個創新產業鏈。

五、人工智能為新時代中國特色社會主義經濟發展帶來的挑戰

不可否認,人工智能的高速發展,也必然帶來了許多新的問題,同時給我們帶來了新的挑戰。

(一)人工智能給中國的勞務就業問題帶來了挑戰

因為人工智能可以替代人類的大腦來進行不同的腦力和體力勞動,這個情況使得一些人不得不改變自身工作的工種,嚴重者甚至會導致失業。人工智能在某些工程以及科技上的具體應用,將使部分人群喪失介入處理信息的機會,諸如對信息的規劃、理解、診斷以及決策等,從而最後改變目前的工作形式。

(二)人工智能對中國的社會結構形成挑戰,從而影響經濟的發展

目前,人類既希望人工智能可以代替人類做各種勞動,但同時又在擔心對社會造成新的問題。近些年,中國的社會結構正在悄無聲息地發生著微妙的變化,即人與機器的社會結構層次逐漸被「人—智能機器—機器」的新社會結構所替代。人工智能將使未來的許多形式的工作由不同機器人來操作,因而,人類將要不斷適應與人工智能相處的日子,並且逐步適應這種新的社會結構。

(三)人工智能的 展 人 的 念以及思 方式 生影

日常生活中,傳統的知識大多數刊印在具體的書、報以及雜誌上,因而這些內容是不可改變的,然而人工智能系統的知識庫內各類知識則可不斷進行修改、更新以及補充。而且,目前使用人工智能進行系統的決定與判斷,這樣將使用戶不願意動腦筋,越來越懶惰,逐漸失去對諸多問題以及多種任務的敏感性和責任感。許多依賴計算機的學習者會明顯降低主動的思維能力以及計算的能力。在發明創造人工智能系

統的時候，應提前考慮這些問題，鼓勵用戶在求解問題的同時積極參與問題的解決，用戶的思維方式以及傳統觀念的轉變對於經濟的發展有不同程度的挑戰，影響創新的步伐和進步。

（四）人工智能深度融合實體經濟領域帶來的挑戰

人工智能的成長發展不僅需要深度更需要有廣度的配合。從實驗室的研究到投入市場的實際應用，人工智能在商品化的路途上越走越好。黨的十九大報告中，提及了人工智能領域，其中主要強調深度融合實體經濟，當然，這也是促進人工智能能夠紮實落地在應用層面。但是這個過程需要不斷探索與鑽研，因為技術的進步以及數據自身都需要擁有發揮價值的場所才能達到實施技術方案、實現價值的目的。目前，中國仍然處於人工智能應用層次的早期，即使已經存在許多和當前人工智能相結合的產業以及領域，但是最關鍵的是實體經濟，當然還有大量的細分領域需要對人工智能的能力有更進一步的瞭解，重整細分出來的行業的每個流程，經過不同數據以及應用的深層優化，力求對不同場景逐個進行突破，最終繪出人工智能的社會新版圖。

六、應對策略和措施

目前，中國人工智能技術研發起步晚，但發展勢頭良好，享有文字識別、語音識別、中文信息處理、智能監控、生物特徵識別、工業機器人、服務機器人等技術領域的自主知識產權，並已廣泛應用於生產生活實踐中。中國在人工智能領域的某些關鍵技術與發達國家水準相當，如核心算法、智能識別等，但產業整體發展水準與發達國家的差距較大。目前在人工智能產業尚未完全形成壟斷格局，中國完全可以利用用戶數量優勢、市場需求優勢，搶佔人工智能技術和產業制高點，掌握主動權。

(一)制定人工智能戰略和行業規範

盡快制定人工智能領域的國家發展戰略,加強統籌規劃,在提振行業發展信心的同時,給予科學引導,避免重複建設和產能浪費。圍繞深度學習、計算機視覺、智能語音處理、自然語言理解、智能控制以及人機交互等關鍵領域,設立人工智能國家重大科技專項等支持計劃。同時,進一步加大對人工智能基礎研究和產業化支持力度,促進研究成果及時、有效地轉化為經濟效益,形成產、學、研相互促進、相互補充、共同發展的良性循環。出抬人工智能行業規範,建立人工智能產業劃分標準、分類目錄等完善的統計體系。同時,加強人工智能專利佈局,鼓勵企業積極申請國內外發明專利,提升企業核心競爭力,並在此基礎上制訂相關技術標準,為以後更廣泛的行業或產業應用打下堅實基礎。

(二)引導市場和社會的應用,構建廣泛的人工智能的應用基礎

政府要積極承擔長期資金、應用和人才的投入,也要處理好政府與市場、社會的關係。政府要發揮其在先進領域的先導性和突破性的作用,也要引導市場和社會後續跟進,推動傳統經濟向「互聯網+人工智能」轉變,實現產業的智能化發展,實現人工智能在國防、工業、交通、教育、醫療等各個領域的深入應用,從而形成關鍵領域政府先行突破與後續開發應用的有效結合的良性循環,以催生出新技術、新產品、新模式、新業態。

(三)加快人才培養

人工智能需要大量人才,既包括專業技術型人才,也包括通用型人才。人工智能的人才需要三個層面的體系化隊伍,一是要在技術層面有精深的技術專家和相應的人才隊伍;二是要在社會層面,有對人工智能透澈理解的社會治理領域的應用專家;三是要有能夠把握技術趨勢和未來社會發展的未來學專家,從而構建起從技術到社會治理領域的

有效溝通和不斷研判通向未來的有效路徑。因此,需要以重點高校院所為依託,優化人才培養機制、健全人工智能相關學科,注重人工智能與其他學科專業的交叉融合;鼓勵企業培養創新人才,激勵高校和科研院所與企業聯合培養人工智能重點領域的專業型人才、創新型人才和複合型人才。

總的來說,人工智能對於中國經濟發展的機遇與挑戰是並存的,在科技快速進步的時代,人工智能的發展也是社會所需、時代進步的產物。人工智能通過30來年的逐步成長,當前已經實現從實驗室到投入市場的轉變,對於經濟、社會以及科技的成長和人民生活水準的提高起著至關重要的作用,並將逐漸深刻影響社會的變革。人工智能是一門將人類機械智能化並設計出能夠擺脫人類裝置模擬人類操作行為的具體學科,現實生活中,這個已經不是夢想,隨著時代的進步,已逐漸成為現實,而且人工智能系統的開發已經為人類的經濟生活創造出了可觀的經濟收益。

第三節　規劃新時代人工智能與經濟社會的未來

未來的世界是怎樣的?你的腦海裡可能會出現這樣一幅畫面:清晨,你被最喜歡的音樂聲喚醒,語音系統向你播報今天的天氣狀況和最新新聞動態。在你洗漱期間,洗衣機已自動運行將髒衣服洗淨,家庭機器人在幫你準備麵包和牛奶。早餐後無人駕駛汽車將你平安送至公司,開始一天的工作,你可與在外出差的同事開一個虛擬現實視頻會議。此時,家中機器人正在打掃衛生,給植物澆水……所有的想像,都與人工智能密切相關。

一、為什麼要規劃新時代人工智能下的經濟社會未來

人工智能,作為未來科學技術發展的主力軍,已經成為大部分國家、企業以及科研工作者努力的方向。當前中國,是習近平新時代。這不僅僅是一個政治術語,更是一個時間節點;它不僅僅標定了中國發展新的歷史方位,更標定了中國社會治理創新的特定技術背景——人工智能時代①。這個新時代,是互聯網、大數據、人工智能三者共同發展的時代。習近平在黨的十九大報告中,共八次提到了互聯網相關內容。他強調,要貫徹新發展理念,建設現代化經濟體系,推動互聯網、大數據、人工智能和實體經濟深度融合,建設網路強國②。這符合時代的發展要求,必將推動習近平新時代的全面發展。

人工智能是計算機科學的一個分支,它試圖探索和解析智能的實質,並生產出能模仿人類智能的智能機器,研究方向包括機器人、語言識別、圖像識別、自然語言處理和專家系統等。「人工智能」這一名詞的首次提出,是在1956年夏季以麥卡錫、明斯基等為首的年輕科學家的一次聚會上。聚會上,他們共同研究和探討用機器模擬智能的一系列有關問題,這標誌著「人工智能」這門新興學科的正式誕生。

隨著科技不斷發展,許多行業已出現了可以大致模擬人類思維方式、行為習慣的智能產品,能夠幫助人類完成複雜運算、篩選等日常繁瑣的工作。這不僅極大地減輕了人類工作的負擔,也提高了工作效率。如今人工智能的科研成果及落地的大部分產品,都只屬於「弱人工智

---

① 李曉燕.習近平新時代的社會治理創新——智能化與共建共治共享[J].系統科學報,2019,27(2):80-85.
② 習近平.決勝全面建成小康社會,奪取新時代中國特色社會主義偉大勝利[R].2017.

能」範疇，強人工智能和超人工智能技術尚在研發之中，人工智能技術的發展還有很長的路要走。

當前雖然人工智能仍為初級階段，但人工智能卻在某些領域已超越了人類智慧。2016年3月，美國谷歌研發的「阿爾法狗」與圍棋世界冠軍、職業九段棋手李世石進行圍棋人機大戰，結果「阿爾法狗」以4比1的總比分獲勝。2017年5月，在中國烏鎮圍棋峰會上，「阿爾法狗」與世界排名第一的圍棋世界冠軍柯潔對戰，以3比0的總比分獲勝。世界排名第一的圍棋世界冠軍柯潔說：「在我看來，它就是圍棋上帝，能夠打敗一切人。」2017年1月6日央視播出的《最強大腦》節目中，百度AI機器人小度與「中國第一記憶大師」王峰進行人臉識別對決，最終小度獲勝，用童年照找出20年後的同一個人，小度甚至找出了一對雙胞胎！

目前，中國的人工智能市場中，AI三大主要產品為工業機器人、服務型機器人和機器視覺，占據80%的市場份額[1]。而艾瑞諮詢提供的調查報告指出，到2020年，全球人工智能市場規模會達到1,200億美元，且中國佔有將突破90億美元[2]。不可否認，人工智能將一定會將改變人類的生活狀態和方式，它將以智能產品的方式，與人類各方面融為一體。

如今，人工智能等新技術正在以快速的、顛覆性的力量，深刻地改變著人類的生產、生活方式以及社會結構關係，最主要是經濟結構關係，進而必定改變社會的治理方式，智能化治理定會應運而生。

---

[1] 巴曙松.人工智能會如何帶來就業衝擊？[EB/OL].（2012-02-05）[2018-10-06].http://www.sohu.com/a/220960428_481741.

[2] 騰訊研究院.中美兩國人工智能產業發展全面解讀[EB/OL].（2017-08-03）[2018-10-06].http://www.sohu.com/a/161883858_720186.

二、人工智能與新時代經濟社會進步

對經濟結構而言,人工智能將對就業和收入分配具有重大影響,給勞動力市場帶來了翻天覆地的變化。首先,人類事業規模必然擴大。眾所周知,人工智能的顯著特徵是自動化和系統化。人工智能的發展,不斷提高了產業的自動化和標準化進程,特別是在體力勞動方面,它的應用,比人力效率高幾倍甚至幾十倍。這意味著,有很大一部分的工作崗位將被人工智能替代,使得整個社會失業率上升。麥肯錫全球研究院預測,到21世紀中葉,全球49%的有薪工作將會被人工智能所取代,而一些發展中國家如中國、印度等,受到的影響更為明顯①。其次,人工智能將帶動新行業、新部門、新崗位的產生,提供更多的就業機會。2018年7月25日,習近平在金磚國家工商論壇上的講話指出,人工智能、大數據、量子信息、生物技術等新一輪科技革命和產業變革正在積聚力量,催生大量新產業、新業態、新模式,給全球發展和人類生產生活帶來翻天覆地的變化。我們要抓住這個重大機遇,推動新興市場國家和發展中國家實現跨越式發展②。但這些新的崗位都需要專業知識型人才,如數學、IT、語言等,以適應新時代的發展。所以,人才供給不足和人才質量不高等現實問題將會成為制約人工智能快速發展的瓶頸。人工智能技術門檻高,只有具備專業知識和實踐經驗的人才才是社會所需要的。

人工智能的發展也會使得社會更加公平,權力更加分散。隨著大數據的興起,越來越多的事物將被量化、數據化,最終整個世界將變成數據世界。在互聯網上,所有人產出數據、共享數據,使數據透明化,不

---

① 喬曉楠,郝豔萍.人工智能與現代化經濟體系建設[J].經濟縱橫,2018(6):81-91.
② 習近平.在金磚國家工商論壇上的講話[R].2018.

再集權於某些機構、企業或個人。巴拉巴西在《爆發:大數據時代預見未來的思維》中作出論斷:「當我們將生活數字化、公式化以及模型化的時候,我們會發現其實大家都非常相似。我們都具有爆發式,而且非常有規律。看上去很隨意、很偶然,但卻極其容易被預測。」①

三、彌補人工智能的不足,共創美好未來

習近平在中共中央政治局第九次集體學習中指出:要加強人工智能同保障和改善民生的結合,從保障和改善民生、為人民創造美好生活的需要出發,推動人工智能在人們日常工作、學習、生活中的深度運用,創造更加智能的工作方式和生活方式②。人工智能將徹底改變人類的生存生活方式。①機器人將成為人類的左膀右臂。王飛躍說,在中國,人工智能可能出現三個增長極:社會製造領域的智能機器人、物流領域的智能車輛和社會服務領域的智能服務。以後,人工智能將走進社會,走進醫療、金融等各個領域甚至每家每戶。如:智能手錶、家務機器人、智能導購等。②後人類時代將會到來。日本動漫《攻殼機動隊》中,可視眼鏡等穿戴技術和植入芯片等嵌入技術把後人類的形象帶入人類視野。自古以來,人類對力量、壽命、智力都極其重視並希望可以預測,人工智能的發展將對醫療方面產生重大影響,也許以後可以增強人的力量、延長人的壽命、增長人的智力。那麼,你可能會陷入沉思,這樣的自己還是真正的自己嗎?我們究竟是人還是非人了呢?在人工智能快速發展的當今社會,也有很多人在質疑,在否定它。如果運用不當,人工智能也將對社會造成巨大損失。所以,人工智能也是一把「雙刃劍」。

人工智能的發展有利於人類社會的一面,也有黑暗的一面。2016

---

① 羅崗.人工智能與後人類時代(上、下) [J].讀書,2017(10).
② 習近平.在中共中央政治局第九次集體學習上的講話[R].2018.

年 10 月 19 日,霍金在劍橋大學 Lever-hulme 未來智能中心的開幕儀式上聲稱「人工智能可能是人類文明史的終結……其在人類歷史上,可能是最好的,也可能是最糟糕的」①。很多美國科幻災難大片中會出現機器人軍隊脫離人類掌控,擁有了個人意識後企圖消滅人類、占領地球的畫面,或是人性扭曲的科學組織利用人工智能做一些反人類的實驗。這或許是危言聳聽,但其實也從側面反應了很多人的擔憂,也警示了人類對人工智能的研究不能盲目無底線。有一句很著名的話:「這是一個最好的時代,亦是一個最壞的時代」。因此,必須對人工智能加以法律的約束。習近平在黨的十九大報告中指出,加強社會治理制度建設,完善黨委領導、政府負責、社會協同、公眾參與、法治保障的社會治理體制,提高社會治理社會化、法治化、智能化、專業化水準。② 技術本身並無好壞,而要看擁有人工智能核心技術的人。所以,政府在此扮演著重要的角色,必須遏制該技術的私有屬性,增強人工智能的共有性。並加大對人工智能教育的普及,特別是對未成年人,使得廣大民眾對人工智能知識和技術有一定程度的理解,共同治理人工智能社會,並共享人工智能成果。教育專家指出,將人工智能引入教育實踐,必須注重人文教育和倫理引導。

加快發展新一代人工智能是我們贏得全球科技競爭主動權的重要戰略抓手,是推動中國科技跨越發展、產業優化升級、生產力整體躍升的重要戰略資源③。人工智能飛速發展的今天,我們必須擦亮眼睛,認清現實,抓住機遇,迎接挑戰,克服困難,將互聯網、大數據、人工智能聯合起來,建立健全的共建共治共享的智能型社會。

---

① 賁開.人工智能時代:發展邏輯與治理挑戰[J].學習時報,2017(7).
② 習近平.決勝全面建成小康社會,奪取新時代中國特色社會主義偉大勝利[R].2017.
③ 習近平.在中共中央政治局第九次集體學習上的講話[R].2018.

第六章　新時代人工智能：人與科技的發展

人工智能,從其發展的歷史角度來看,依然是在資本邏輯驅動下資本主義機器大工業長期發展與技術累積的結果;從其內在本質上來看,在資本主義條件下,人工智能是資本謀取剩餘價值進而維持整個資本主義制度體系存活的技術工具。但在社會主義條件下,尤其在社會主義初級階段,人工智能卻是鞏固社會主義制度、發展社會主義生產力的重要工具,原因在於:人工智能技術本身沒有階級性,但掌握它的人具有階級性,從而表現為不同所有制下的不同「形式」。綜觀所有研究,無論是人工智能的發展還是應用,最終的落腳點都是服務於人。

第一節　人工智能與人的發展

關於人的全面發展,在理論界,有關其內涵的爭論不勝枚舉。由於不同學科研究問題的角度不同,提出的內涵就不相同,甚至同一學科內部也存在著互不相同的定義。這就需要我們迴歸到馬克思的經典著作中去追本溯源。馬克思關於人的全面發展的研究,最初從《1844年經

濟學哲學手稿》開始孕育和萌芽,從《關於費爾巴哈的提綱》到《德意志意識形態》逐漸形成該思想,從《哲學的貧困》到《共產黨宣言》是該思想的發展時期,《資本論》及其三大手稿是馬克思的人的全面發展理論的成熟時期。基本內容包括:人的需要的全面發展、人的社會關係的全面發展、人的交往的全面發展和人的活動的全面發展等,即「人以一種全面的方式,也就是說,作為一個完整的人,佔有自己的全面的本質」[①]。需要明確的是,馬克思的「人的全面發展」的思想是針對資本主義制度下,廣大人民在舊式的勞動分工的基礎上片面畸形發展而提出的,其方法論意義在於:人要實現全面發展,需要從不合理的生產關係中(舊式分工體制)解放出來——即人的全面發展的實現基於生產關係的進步。而對於人工智能,它是立足於生產力層面,作用於生產力要素——生產工具的革新,帶來巨大的發展。在資本主義條件下,由於其本質是資本奪取剩餘價值的工具,由它進而由生產力所決定的資本主義生產關係依然未變,勞動者仍然處於不合理的分工體系中,所以人工智能與人的全面發展之間具有矛盾性——即在私有制條件下,人工智能技術掌握在資本家手中,其應用並未改變舊式的分工體制(強制的、不可自由選擇的),只是形式發生了變化而已,個人只能片面地發展。從這個層面上看,人工智能的發展給人們帶來的各種「便利」只能說是為了維持原有制度不得不做出的「讓步」。然而,在社會主義條件下,人工智能與人的全面發展的目標具有一致性,原因在於:公有制條件下,生產資料(人工智能技術)並非個人佔有,分工在一定程度是可自由選擇的分工——為個人的全面發展提供條件。全面發展的個人能夠充分的佔有全部生產力,全面地掌握生產的整個流程與整個系統,具備操縱

---

① 馬克思恩格斯全集:第 42 卷[M].北京:人民出版社,1979:123.

先進勞動工具的能力,從而他們能夠促進社會經濟的發展;而社會的發展由於個人已經能夠佔有全部生產力的總和,可以駕馭整個生產力,它又必將促進個人的全面發展。二者相互促進,相輔相成。

然而,當前關於人工智能發展帶來的失業問題,似乎與人的全面發展相悖,這其實涉及人工智能的另一個效應。

而關於人的替代問題,當前最為突出的表現就是人工智能排擠勞動者,造成大量失業,這在不同所有制條件下都存在,都內在地表現出「自然力代替人力」①的趨勢。雖然馬克思的資本有機構成理論、資本累積理論對失業問題早已做出了深刻的剖析,但更應認識到:人工智能所代表的智能機器與以往機器相比存在根本差別,它不僅作為異己的力量「奴役」人,更是直接作為拒絕的力量「拋棄」人,即不再需要人。人工智能對人的代替達到了前所未有的高度——從最初的解放雙手到現在的解放大腦,從體力到腦力,從部分到整體,實現了對勞動力的全方位替代。在此情形下,失業問題尤為嚴重。問題的背後,「異化」機制起了重要的推動作用。關於「異化」,馬克思在他的著作②中做過深刻的闡釋:在私有制社會中,異化是一種客觀而普遍的現象,是私有財產

---

① 馬克思在《資本論》中也有相當多的闡述:「勞動資料取得機器這種物質存在方式,要求以自然力來替代人力。」隨著機器的運用,「那麼現在自然力也可以作為動力替代人」「機器的生產率是由它替代人類勞動力的程度來衡量的。」參見:馬克思.資本論:第1卷[M].北京:人民出版社,1975:423.

② 在《論猶太人問題》《黑格爾法哲學批判》等著作中,考察了精神生活和政治生活中異化問題;在《1844年經濟學哲學手稿》中,馬克思明確提出了異化勞動的觀點,並以此作為自己異化觀的出發點;在《德意志意識形態》中,馬克思運用異化勞動觀點,進一步揭示了作為資本主義社會和之前社會的主要異化形式是「私有制異化」,即作為國家形式的政治統治的異化以及勞動作為人的自身否定的社會活動的異化。在《經濟學手稿(1857—1858)》和《資本論》等著作中,馬克思以分析資本主義生產關係為基礎來闡明異化的本質。所謂的異化,是指事物在發展變化中逐步走向對自身的否定。它有兩個特徵:①異化是事物矛盾運動的必然結果;②異化必然走向異化的異化,即否定之否定。

發生社會分化的直接結果,是在一定社會條件下人們從事的物質生產活動所發生的性質變態。異化絕不是永恆存在的現象,而是受一定生產關係制約的歷史現象。因此,受資本主義生產關係制約的異化,必將隨著這種生產關係的徹底消滅而消滅。馬克思「在這些著作中揚棄了從社會契約論到黑格爾的異化理論,認為轉讓不過是從法律上表示簡單的商品關係;外化則表示以貨幣形式對社會關係加以物化;異化才真正揭示了人們在資本主義制度下最一般的深刻的社會關係,其實質在於表明人所創造的整個世界都變成了異己的、與人對立的東西」[1]。由此可以看出,人工智能的發展其實是異化勞動的具體體現,人工智能越發展,人就越走向對自己的否定,失業問題只是外化表現。進一步需要明確的是,人工智能造成的失業是一種「技能技術性失業」[2],與傳統的失業類型(摩擦性失業、結構性失業等)有根本差別,而且很有可能發展成為永久性失業。在資本主義條件下,由於「資本主義累積的絕對的、一般的規律」[3]在起作用,導致「產業後備軍」不斷擴大。在西方主流經濟學看來,解決失業問題主要依靠技術進步帶來的經濟增長,卻不知適得其反。在公有制條件下,人工智能同樣帶來失業,也是勞動異化的表現,但不同於資本主義情形的是,有用人工智能帶來的高效率反哺被其淘汰的勞動者的機制存在。「機器排擠工人」源於資本與勞動的對立,在資本主義條件下尤為明顯,但在社會主義條件下,既有衝突也有合作。但從總體上看,「人工智能+」伴隨著「就業−」這一外在趨勢已成必然。

---

[1] 屈琦.論馬克思對近代西方正義理論的批判[J].通化師範學院學報,2010,31(1):34-36,47.

[2] 蔣南平,鄒宇.人工智能與中國勞動力供給側結構性改革[J].四川大學學報(哲學社會科學版),2018(1):130-138.

[3] 馬克思恩格斯文集:第5卷[M].北京:人民出版社,2009:742.

總之，人工智能的出現與發展，內在地包含了上述兩個方面。現階段，人工智能為人的全面發展提供了一個「否定性」基礎，二者的矛盾歸根到底仍源於生產力與生產關係這一社會基本矛盾的存在和發展。在「人工智能＋」與「就業－」這樣一種形勢下，需要考慮的問題是勞動者如何應對？

一、關於勞動者未來的問題

首先應對勞動者進行劃分，原因在於人工智能對人的代替因行業、崗位而異，不能一概而論，進行劃分能夠更加明確的考察人工智能的替代性問題。以技能[①]為標準將勞動者分為高、中、低三類。其次，分析人工智能對這三類人的影響。根據現有的研究數據[②]以及人工智能發展的現狀來看，人工智能對從事低薪低技能工作的人群影響最大，在高速發展的情況下，人工智能對這部分人的需求量將大幅下降，這導致其工資水準進一步下降，不平等待遇的壓力將上升，其結果是破壞性的。相比較而言，具備高技能的勞動力人員形式也不容樂觀，人工智能帶來的技術變革可以較大提升中層勞動力的技能水準，而對高技能勞動力人員的生產力提高則有限，並且人工智能發展的諸多應用（整體專業化）將直接威脅高技能勞動力的生計。由此可以看出：人工智能所替代的不僅是一般性的社會勞動，也實際地排擠人工智能企業內部的雇傭勞動者。最後，綜合來看，人工智能的發展對偏向於勞動密集型的行業、崗位具有破壞性，而對知識資本密集的行業、崗位具有「篩選性」。因此，人工智能對人的替代是非對等的。從當前中國就業結構的情況上看，勞動密集型仍占主導，從而遭受人工智能發展的影響最大。

---

① 人的薪資水準與受教育水準和技能有著很強的相關性。
② 《中國人工智能發展報告 2018》《中國人工智能創新應用白皮書》。

二、關於未來的勞動者的問題

隨著人工智能不斷對人的替代,勞動者的工作時間在其生命週期中所占的比例越來越小,當人工智能完全替代人時,勞動者將「不再是生產過程的主要當事者,而是站在生產過程的旁邊」①。當勞動不再是勞動者們謀生的手段,他們會不會因無所事事而墮落呢?馬克思對此作了深刻的論述:「一旦直接形式的勞動不再是財富的巨大源泉,勞動時間就不再是,而且必然不再是財富的尺度,因而交換價值也不再是使用價值的尺度。」②「以交換價值為基礎的生產便會崩潰,直接的物質生產本身也就擺脫了貧困和對抗性的形式。個性得到自由發展,因此,並不是為了獲得剩餘勞動而縮減必要勞動時間,而是直接把社會必要勞動縮減到最低限度,那時,與此相適應,由於給所有的人騰出了時間和創造了手段,個人會在藝術、科學等方面得到發展。」③更進一步地,「節約勞動時間等於增加自由時間,即增加使個人得到充分發展的時間,而個人的充分發展又作為最大的生產力反作用於勞動生產力。從直接生產過程的角度來看,節約勞動時間可以看作生產固定資本,這種固定資本就是人本身」④。即人的自我生產(發展)。由此可見,勞動者並非「什麼都不干」「無所事事」,而是可以自由選擇自己喜歡的活動。具體來說,在人工智能大發展的未來,大量勞動者將從事與人工智能相關的工作,他們將面臨這樣一種狀況:生產力極大提高,社會物質財富極大豐富,人們只需使用較少的直接勞動便能創造出滿足自身所需要的物

---

① 馬克思恩格斯全集:第 46 卷下冊[M].北京:人民出版社,1979:218.
② 馬克思恩格斯全集:第 46 卷下冊[M].北京:人民出版社,1979:218-219.
③ 馬克思恩格斯全集:第 46 卷下冊[M].北京:人民出版社,1979:218-219.
④ 馬克思恩格斯全集:第 46 卷下冊[M].北京:人民出版社,1979:225.

質與精神產品,從而把更多的時間投入到自身發展的過程中,例如從事科學研究、興趣培養等。在這一過程中,勞動者變成了「產消者」①,崗位不再是劃分勞動者類別的標準,勞動者全面發展的趨勢凸顯。

三、人工智能促進人的全面發展

當前,人工智能發展突飛猛進,有望引領第四次科技革命的浪潮。為了讓人工智能更好地促進人的全面發展,應從以下幾個方面著手:

（一）正確處理好「人工智能+」和「就業−」的關係問題

從中國當前三大產業就業狀況來看,人工智能的引入將對從事第一、二產業的勞動者進行大規模的淘汰與篩選,第三產業服務行業也將面臨失業的風險,並且這種失業是一種「技能技術性失業」。由於人工智能在中國處於起步發展階段,人們對其認識與實踐還要經歷較長的時間,因而在較短時間內是無法解決這種失業問題的。所以應加強失業監測,建立與完善失業預警機制,積極應對可能出現的失業風險,並大力推進勞動力供給側結構性改革,增強勞動者對人工智能的適應性。

（二）積極推進高素質人工智能人才隊伍的建設

目前,人工智能已經成為全球關注的焦點,各國都在爭先發展人工智能產業,但在發展中都面臨同樣的問題——人工智能人才的極度短缺。因此對中國來說:①積極推進高校設置與人工智能發展相關的專業,做好人才儲備,以適應未來發展需要;②加大科研院所的人才投入,獎勵相關發明專利;③推進人工智能基地建設,提供實驗場所;④積極引進人才,增加技術交流,等等。

（三）宏觀層面應積極構建與完善人工智能產業格局

國家應從宏觀層面積極做好構建與完善人工智能產業格局的頂層

---

① 杰里米·里夫金.零邊際成本社會[M].2版.鐘偉,譯.北京:中信出版社,2014.

設計,完善產業政策、投融資體系和保障機制,增強發展的協同性。加快推進人工智能關鍵性領域的基礎性研究,並加大投入,為人的發展營造一個良好的發展環境。

第二節　新時代人工智能的科技貢獻

2017年10月18日,習近平總書記在黨的十九大報告中做出「中國特色社會主義進入新時代,中國社會主要矛盾已經轉化為人民日益增長的美好生活需要和不平衡不充分發展之間的矛盾」的新論斷。這一論斷是依據當前中國生產力水準已擺脫落後狀態但與發達國家相比仍存在差距,人民需求從物質文化領域轉向民主、法治、公平、正義、安全和環境等全方位領域以及中國基本國情和國際地位仍然沒變等現實狀況所做出的科學判斷,它不僅是對新中國尤其是改革開放以來經濟發展所取得的成就的肯定和總結,也是對當前經濟發展所面臨的主要問題的精確分析,更是為未來各方努力明確了方向。因此從這一主要矛盾出發,研究如何解決不平衡不充分發展的問題以滿足人民日益增長的美好生活需要具有重大現實意義。

人工智能(AI)自20世紀50年代發展至今,從圖靈測試到大數據、雲計算,經歷了「雙起雙落」到現在的井噴式發展。尤其是2005年以後,得益於大數據技術的迅猛發展,人工智能技術已滲透到了人類生活各個領域,未來將在醫療、教育、高端製造、環保等領域發揮不可估量的作用,產生巨大的經濟效益和社會效益。人工智能技術的逐漸成熟和普及對於解決當前中國發展不平衡不充分問題潛力無限。

馬克思唯物辯證法認為矛盾運動是推動事物發展的源泉和動力,

而矛盾又分為主要矛盾和次要矛盾以及矛盾的主要方面和次要方面,主要矛盾決定了某一事物區別於其他事物的特質,因此抓住主要矛盾是解決問題的關鍵所在。明確主要矛盾的地位之後,對社會發展所面臨的主要矛盾的準確判斷就尤為重要,而要做出準確判斷就必須遵循社會存在決定社會意識和生產關係一定要適應生產力發展狀況的規律。在此理論邏輯的指導下,黨從新中國建立以來依據各個時期的經濟發展狀況對社會主要矛盾做出過不同的判斷,這些不同判斷放在每個時間節點上體現了不同生產力水準和需求層次的對立性,而放在整個歷史發展的長河來看,具有延續性和統一性,統一於實現中華民族偉大復興的中國夢中。新中國建立初期,中國的社會性質是新民主主義社會,資產階級尚存決定了這一時期社會主要矛盾是資產階級與無產階級之間的階級矛盾;到1956年「三大改造」完成、社會主義制度基本確立之後,剝削階級被改造成了社會主義勞動者,因此黨的八大提出國內主要矛盾是人民對於建立先進工業國的要求和落後農業國的現實之間的矛盾,是人民對於經濟文化發展的需要與當前經濟文化發展狀況不能滿足人民需要之間的矛盾;改革開放以後,中國經濟、政治等各方面建設重新回到正軌,同時比較完整的工業體系也得以建立,於是黨的十一屆六中全會提出「在社會主義改造基本完成後,中國所要解決的主要矛盾,是人民日益增長的物質文化需要同落後的社會生產之間的矛盾」;隨著中國生產力水準和國民素質的進一步提高、綜合國力顯著增強、日益走近世界舞臺中央,黨的十九大對當前社會的主要矛盾做出了新的論斷。

就中國特色社會主義進入新時代而言,它是實現中國夢過程中新的進階,該階段中國社會的主要矛盾是人民日益增長的美好生活需要與不平衡不充分發展之間的矛盾。這一主要矛盾的主要方面在於不平

衡不充分發展,因此未來我們的主要精力也應集中於此。「不平衡」講的是經濟社會體系結構問題,主要指比例關係不合理、包容性不足、可持續性不夠而制約生產率的全面提升,主要體現在實體經濟與虛擬經濟不平衡、區域發展不平衡、城鄉發展不平衡、收入分配不平衡、經濟與社會發展不平衡以及經濟與生態發展不平衡;而「不充分」說的是總量和水準問題,主要指發展不足、潛力釋放不夠、發展中還有很多短板,發展水準特別是人均水準同世界先進國家相比還有不小距離,主要體現在市場競爭不充分、效率發揮不充分、潛力釋放不充分、有效供給不充分、動力轉換不充分以及制度創新不充分。基於對上述兩大發展問題的分析,如何理解人工智能技術作用於不平衡不充分發展問題的路徑,下文將進行具體闡釋。

一、人工智能技術的發展對中國當前經濟發展不平衡的推動作用

人工智能技術的發展與相關智能設備的製造、使用對於當前中國經濟發展不平衡問題的解決具有極重要的推動作用。眾所周知,目前中國經濟「脫實向虛」、製造業不景氣,導致房地產市場、金融市場等虛擬經濟部分泡沫較多,隨時面臨著泡沫破滅的風險;同時,由於區域、城鄉經濟發展不平衡,地區與地區之間、城鄉之間以及城鄉內部之間居民收入差距比較大;除此之外,改革開放後的幾十年間,中國經濟飛速發展的同時也伴隨著環境問題的逐漸加劇,傳統企業野蠻式生長、以犧牲環境換取企業發展的模式與當前重視環保的大局格格不入等。以下將從上文分析「不平衡」發展的幾個維度去分析人工智能對中國經濟發展不平衡的推動作用的具體表現:

（一）引導經濟「脫虛向實」，助力高端製造業發展

國家統計局數據顯示，2016年中國金融業增加值占GDP比重高達8.4%，比主要經濟發達國家高出一個多百分點（同期美國為7.3%、英國為7.2%），大量資本不是服務於實體經濟，而是循環於金融系統內部，經濟「脫實向虛」問題比較突出。根據馬克思《資本論》中有關產業利潤的理論，一個部門內部部分企業通過革新技術提升個別勞動生產率，在一定時期生產商品的價值總量不變的情況下，每單位商品所包含的價值量就越少，但它依然按社會必要勞動時間所決定的價格出售，因此能夠獲得更多的利潤，此時部門內的其他企業也會革新技術來提高利潤，直到部門內部利潤平均化為止，這是部門內部的資本流動。當該部門整體勞動生產率提高後，由於資本的本性要求等量資本無論投在什麼部門，都能夠獲得等量利潤，此時就形成了部門間的資本流動。資本之所以在金融系統內部循環，歸根究柢是因為沒有能夠讓資本獲得更高報酬的去向，人工智能技術的發展無疑會提高一個企業、一個部門的勞動生產率，從而增加該企業、部門的利潤率，因此人工智能製造和研發必定會成為下一個投資風向口。這不僅有利於引導資本跳出金融系統循環流向實體經濟，實現經濟由「脫實向虛」到「脫虛向實」的轉變，更能推動高端製造業的發展，加快中國產業結構優化升級。

（二）弱化區域稟賦差異，促進經濟平衡發展

人工智能作為一種高科技工具，本身對區域稟賦依賴性較低，便於在不同地區引入推廣。改革開放以來，大量稅收、引進外資、產業扶持等強力優惠政策在沿海城市落地，為其經濟發展營造了良好的政策環境和營商環境。而內陸城市受惠於改革紅利時間較晚，加之對外交通不便、內地交通網的構建也相對緩慢。這些稟賦差異累積造成了東、中、西部經濟發展的較大差距。在國家順應歷史潮流大提新舊動能轉

換的當下，人工智能的發展為中、西部地區加速發展經濟，奮力直追東部地區提供了良好的契機。中西部地區應充分利用人工智能稟賦依賴度不高的特點，重視人才培養、積極投入高新科技研發，在各行各業大力引進和推廣最前沿的人工智能技術和裝備，借新一輪技術紅利之勢，在新的起跑線上努力縮小與東部經濟相對發達地區的差距。

(三)調節收入分配，縮小城鄉差距

隨著人工智能技術的發展，勞動生產率大大提高，原來一個車間100人1個小時才能完成的工作現在也許1臺智能機器或者機器人1分鐘就能解決。如果對這些產出按比例進行徵稅，徵稅後以轉移支付、財政補貼等福利措施惠及居民，資本家的利潤較使用智能機器以前有大幅提升，居民也享受到了技術變革帶來的福利，對政府而言稅收總額也隨總產出的增加而增加；此外，居民收入提升、危險和簡單重複勞動工作被機器人替代，不僅會倒逼勞動者加強學習操控低端人工智能，從而提高國民素質，而且還能使居民有更多時間和自由去選擇自己真正喜歡的工作，培養自身興趣愛好，豐富精神文化生活，促進人的自由全面發展。目前不少人認為人工智能的發展和普及會對很多勞動者產生強大的擠出效應，整個社會將面臨巨大的失業危機。與之相反，各項研究發現：一方面，教育、社會保障等產業事業對居民的生育意願都有抑製作用，隨著教育體系和社會保障體系的高質量發展，未來生育率可能會呈現持續下降的趨勢，這無疑會減少勞動力供給，從而緩解由於人工智能發展帶來的勞動力需求減少的危機；另一方面，人工智能的發展必定會帶來一大批新興產業，正如智能手機普及興起的網購和通信服務等行業，雖然對實體店帶來了巨大衝擊，但卻興起了網店、物流和外賣等這些龐大的產業體系，不僅降低了個人創業成本、創造了大量就業機會，而且極大地豐富了居民的精神文化生活。

(四)平衡經濟社會發展,重構生態經濟格局

當前中國社會發展不平衡還體現在經濟與社會、經濟與生態發展不平衡上。前者主要表現在看病難、看病貴等問題,而這些問題從其本質上來看都是由資源稀缺、質量不高造成的。就醫療而言,人工智能廣泛應用於生物基因技術和精密科學醫療儀器的研發,同時技術和儀器又是極具可複製性的,針對某個病症的技術或儀器一旦被研發出來,就能借人工智能之推力在短時間內服務於人民大眾,這在很大程度上解決了資源稀缺性的問題,從而使經濟和社會和諧發展。過去中國經濟發展主要依靠投資和出口,而投資和出口又主要是原材料、大宗商品和低端製造等附加價值低、環境成本高的項目和產品,從而導致犧牲環境換取經濟增長的失衡局面。人工智能的發展不僅能夠推動高端製造業發展、促進產業結構轉型升級、加速中國經濟向高質量發展轉變,而且能夠綜合使用大數據、雲計算等技術尋找經濟和生態發展的平衡點,最終形成在綠水青山中生產、在發展中保護綠水青山的綠色經濟新格局。

二、人工智能技術對中國科技發展的促進作用

人工智能對解決科技發展不充分的問題同樣具有重大現實意義,具體表現如下:

(一)全面提升效率,充分釋放潛力

當前中國資本投資效率呈現下降趨勢,全要素生產率水準也與發達國家存在一定差距,僅為美國的43%。習近平總書記在黨的十九大報告中指出中國經濟已由高速增長階段轉向高質量發展階段,要提高全要素生產率,推動經濟發展質量變革、效率變革、動力變革,不斷增強中國經濟創新力和競爭力。技術、管理模式和企業結構等生產率作為全要素生產率的重要組成部分,它們的進步對提升效率、提高質量作用

重大。人工智能技術作為高新科技的代表，必將引領新一輪的產業革命，此番變革所帶來的生產力進步將不僅改變生產技術，還會改變傳統的組織結構和管理模式，這無疑將提高中國企業的全要素生產率和資本投資效率，加快發展質量提升步伐，占領未來科技時代高地。除了經濟發展效率不高的問題外，我們目前還面臨著潛力釋放不充分的問題。雖然最新數據顯示，中國當前消費已成為拉動經濟的最主要引擎，但從中國目前人均 GDP 的整體水準與主要發達國家之間的差距就知道消費潛力並沒有得到完全釋放。提高居民收入、縮小貧富差距是激發消費潛力的最重要舉措。人工智能技術的發展不僅能夠提升產品質量，還能夠在相同時間內生產出比普通勞動力多得多的產品，從而極大提高總產出，再通過轉移支付等二次分配和慈善事業等三次分配的方式增加居民收入、縮小收入差距，進而充分激發國內消費潛力，為實現經濟長足發展提供強勁的內生動力。

(二)增加有效供給，加速動能轉換

當前中國經濟出現了「生產相對過剩」和有效供給不足之間的矛盾，居民收入隨著經濟發展逐漸增多，滿足基本需求以後需要向更高質量的生活水準邁進，需求呈現出個性化、立體化特徵。而傳統企業囿於技術和規模效應限制，批量生產出來的產品僅能滿足消費者對該產品基本功能的需求，不能在用戶體驗、個性化設計等方面有所突破。人工智能技術的發展能夠基於大數據深研用戶需求和內在偏好來為消費者量身定制相應的產品和服務，在增加有效供給、創造更多經濟利潤的同時幫助消費者不斷探索內心真實需求，逐步實現其人生價值。眾所周知，改革開放以來中國經濟飛速發展在很大程度上是受益於大量廉價勞動力，這個時代被稱為人口數量紅利時代。但隨著中國進入新時代，人口數量紅利正逐步消失，新舊動能轉換作為新的戰略出現在經濟發

展動力領域。所謂新舊動能轉換就是由原來的人口數量紅利向人口質量紅利和技術紅利轉變。人工智能發展一方面能夠從豐富稀缺教育資源、倒逼勞動者順應時代主動學習的角度提高人口質量，促進中國由人口大國向人才強國轉變；另一方面它本身作為高新科技的代表，其迅猛發展能夠加快新舊動能轉換節奏，促進中國早日實現高質量發展，為實現經濟長足發展提供強大的外生動力。

矛盾是事物發展的源泉和根本動力，而新事物必將戰勝舊事物也是發展的永恆規律。人工智能從其自身發展歷程來說可能算不上新事物，但就傳統生產方式而言猶如新生的嬰兒。它可能在初成長階段存在眾多弊端，但新事物的成長道路從來就不是平坦的。在中國進入新時代的當下，社會主要矛盾的解決需要一個突破口，而人工智能作為緩解不平衡、不充分發展問題的強有力助推者，應該得到社各界的悉心關注和關懷。正如馬克思在《資本論》中所說，「解決矛盾就要創造這些矛盾能在其中運動的形式」，人工智能在一定程度上就是能夠讓中國當前社會主要矛盾運動其中的有效形式。有朝一日，待幼兒長大成人，中華民族偉大復興之夢定不遠矣。

第三節　新時代人工智能是第四次科技革命

人工智能亦稱機器智能，指由人製造出來的機器所表現出來的智能。通常人工智能是指通過普通計算機程序的手段實現的人類智能技術。人工智能的定義可以分為兩部分，即「人工」和「智能」。「人工」比較好理解，爭議性也不大。「智能」涉及意識、自我、心靈，包括無意識的精神等問題。人唯一瞭解的智能是人本身的智能，這是普遍認同的觀

點。但是我們對人自身智能的理解非常有限,對構成人的智能的必要元素的瞭解也很有限,因此人工智能的研究往往涉及對人的智能本身的研究,其他關於動物或其他人造系統的智能也普遍被認為是與人工智能相關的研究課題[①]。

現代意義上的人工智能始於古典哲學家用機械符號處理的觀點解釋人類思考過程的嘗試。20世紀40年代基於抽象數學推理的可編程數字計算機的發明使一批科學家開始嚴肅地探討構造一個電子大腦的可能性。1950年圖靈發表了一篇劃時代的論文,文中提出了著名的圖靈測試:「如果一臺機器能夠與人類展開對話(通過電傳設備)而不能被辨別出其機器身分,那麼稱這臺機器具有智能。」在圖靈提出圖靈測試之後,人工智能的概念才第一次正式在達特茅斯會議中誕生。

1956年達特茅斯會議之後的十幾年是人工智能的黃金年代。在這段時間內,計算機被用來解決代數應用題、證明幾何定理、學習和使用英語,這些成果在得到廣泛讚賞的同時也讓研究者們對開發出完全智能的機器信心倍增。當時,人工智能研究者們甚至認為:「20年內,機器將能完成人能做到的一切工作」,「在3~8年的時間裡我們將得到一臺具有人類平均智能的機器」。

20世紀70年代初,人工智能遭遇了無法克服的基礎性障礙,比如計算機有限的運算能力、計算的複雜性和指數爆炸、常識理解和推理等問題,使得一直處於樂觀和期望過高的人工智能遭受到四面八方的批評,人工智能技術停滯不前。

進入20世紀80年代,出現了人工智能數學模型方面的重大發明,其中包括著名的多層神經網路(1986)和BP反向傳播算法(1986)等,

---

① 邁克斯·泰格馬克.生命3.0[M].成功,譯.杭州:浙江教育出版社,2018:13.

也出現了能與人類下象棋的高度智能機器(1989)。此外,能自動識別信封上郵政編碼的機器,其精度可達98%,已經超過普通人97%的水準。於是人工智能研究開始復甦。

好景不長,1987—1993年現代PC的出現,讓人工智能的寒冬再次降臨。當時蘋果、IBM開始推廣第一代臺式機,計算機開始進入個人家庭,其費用遠遠低於專家系統所使用的Symbolics和Lisp等機器。相比於現代PC,專家系統被認為古老陳舊而且非常難以維護。於是,政府經費開始下降,寒冬又一次來臨。那時起人們開始思考人工智能到底往何處走,到底要實現什麼樣的人工智能。

從1993年至今,在這個階段,人工智能其實已取得了一些里程碑式的成果。比如在1997年,IBM的「深藍」戰勝國際象棋世界冠軍卡斯帕羅夫;2009年,洛桑聯邦理工學院發起的「藍腦計劃」聲稱已經成功地模擬了部分鼠腦;2016年,AlphaGo強勢擊敗李世石;亞馬遜推出人工智能音箱echo,無人駕駛汽車……不管是學術界還是應用實踐,人工智能正踏著堅定的步伐向我們走來[①]。

「革命」本義指變革天命,後詞義擴大,泛指重大革新,不限於政治,是一種徹底的顛覆,推動事物發生根本變革,引起事物從舊質到新質的飛躍。凡是可以冠以「革命」二字的,皆是引起深刻社會關係變革的重大事件,推動著人類歷史進程的快速前進。工業革命/科技革命之所以稱其為「革命」,意義便在於此。

一、前三次工業革命:推動了世界經濟飛速發展

第一次工業革命,開始於18世紀60年代。英國一名普通的紡織

---

① 尼克.人工智能簡史[M].馬紅,譯.北京:人民郵電出版社,2018:6.

工哈格里夫斯發明了以他女兒的名字命名的珍妮紡紗機,紡紗效率和質量的提高為他們帶來了日漸富裕的生活,他自己或許還沒有意識到這項發明的偉大意義:成為工業革命開始的標誌。而工業革命真正意義上的標誌則是源於 10 年之後蘇格蘭數學儀器製造師瓦特的貢獻——改良蒸汽機,世界工業進入蒸汽機時代。

從生產技術上看,機器取代人力,大規模工廠化生產取代個體工場手工生產。從社會結構上看,傳統農業社會開始轉向現代工業社會,使社會明顯地分裂為兩大對立階級——工業資產階級和工業無產階級。從城市發展上來看,工業城鎮興起,開始了城市化進程。率先完成工業革命的西方資本主義國家逐步確立起對世界的統治,世界形成了西方先進、東方落後的局面,英國成為世界上第一個工業國家。

第二次工業革命,開始於 19 世紀中期,以電力的廣泛應用和內燃機的發明為主要標誌。發電機的誕生使得人類歷史從「蒸汽機時代」跨入了「電氣時代」,電燈、電車、電影放映機的相繼問世為人類社會打開了全新的大門。內燃機的發明一方面推動了石油開採業的發展和石油化學工業的產生,石油也像電力一樣成為一種極為重要的新能源;另一方面,解決了交通工具的發動機問題,推動了內燃汽車、遠洋輪船和飛機的迅速發展。

從生產關係層面來看,壟斷與壟斷組織形成,主要資本主義國家進入帝國主義階段。從經濟結構層面來看,重工業有長足發展,且逐步占主導地位。從城市發展層面來看,城市化進程進一步加快,同時帶來了環境污染等問題。從生活方式層面來看,品種繁多的家用電器走進千家萬戶,極大地豐富了人們的生活內容;新型交通工具的出現擴大了人們的活動範圍,加強了人與人之間的交流。第二次工業革命促使世界市場最終形成,美國、德國成為世界性的經濟中心。

第三次工業革命,開始於 20 世紀中期,以原子能、電子計算機、空間技術和生物工程的發明和應用為主要標誌。以原子彈、氫彈為代表的原子能技術進入新紀元,電子計算機的發明把人類從繁重的腦力勞動中解放出來,人造地球衛星的成功發射使人類跨入了航空航天新時代,分子生物學和遺傳工程的出現則開啓了一扇全新的生命科學之門。科學和技術密切結合,在推動生產力發展上發揮著越來越重要的作用。因此,第三次工業革命體現的是科技革命的概念。

從產業結構上看,第一產業、第二產業在國民經濟中的比重下降,第三產業的比重上升。從城市結構上看,公共交通工具(例如公交)的出現使得城市空間向密路網、複合用地、開放街區、精明增長轉變。從生活方式上看,汽車、飛機、鐵路的高速發展和普及極大地增大了人們的出行距離和生活空間範圍,加之互聯網、計算機的出現,使得世界成為觸手可及的「地球村」。以美國為首的歐美發達國家成為世界經濟的中心,科學技術成為世界各國爭相搶占的制高點。

每一次工業革命都在顛覆性地改變人類文明進程的發展,產業、城市、生活乃至國際關係得以重塑,誰能搶占先機、順勢而為,誰才能有機會成為「革命」的弄潮兒,引領一個時代。

二、第四次工業革命:人工智能開啓未來之門

第四次工業革命:人工智能開啓未來之門。歷史的車輪繼續向前,出現了與蒸汽機、電力、計算機的發明同等量級的新事物——人工智能,正在以迅雷不及掩耳之勢席捲全球。什麼是人工智能?大數據+機器的深度學習。大數據是人工智能的基礎,通過大數據的收集分析為人工智能提供素材,機器基於素材的累積實現深度學習——以人的思維方式思考、解決問題。人工智能出現的意義絕不僅僅是機器人的批

量生產與應用,而是作為核心驅動力驅動產業結構、城市形態、生活方式和科技格局發生顛覆式變革。

(一)對產業結構的改變:跨界整合,助力升級

一方面,圍繞人工智能積極佈局新興領域,包括智能軟硬件(例如語音識別、機器翻譯、智能交互)、智能機器人(例如智能工業機器人、智能服務機器人)、智能運載工具(例如自動駕駛汽車、無人機、無人船)、虛擬現實與增強現實、智能終端(例如智能手錶、智能耳機、智能眼鏡)、物聯網基礎器件(例如傳感器件、芯片),形成人工智能主題的高端產業和產業高端的聚集。

另一方面,以人工智能推動製造業、農業、物流、金融、商務、家居產業在內的傳統產業轉型升級,形成智能製造、智能農業、智能物流、智能金融、智能商務、智能家居產業。通過智能工廠的推廣大幅提高生產效率,推動人工智能在各行各業的規模化應用,全面提升產業發展的智能化水準。

(二)對城市形態的改變:立體空間,綜合管理

人工智能不是未來城市的全部,但將從根本上影響城市空間形態與管理模式,是未來城市發展的核心驅動力。歷史上畜力車、步行為主的交通方式決定了城市的道路窄、尺度小,汽車的出現則促使了以車行道為主的人車分流的城市設計,公共交通工具的出現使得城市公共空間大幅增加,未來以無人駕駛、無人機為代表的智能交通方式的普及則會推動城市立體空間(特別是地下空間)的充分利用,由此帶來更加立體多面的城市尺度。

同時,人工智能會推動城市管理方式升級,包括智慧政務、環境監控、數字社區、應急指揮等,智慧基礎設施遍布城市各個角落,通過大數據的採集、處理與分析,極大地提高城市管理的效率與準確率。

(三)對生活方式的改變:智能科技,高效便捷

晨起洗漱的你在智能鏡子上看到今天的天氣預報、新聞提要和約會提醒;吃完早餐後,自己的全自動座駕已經停在門口,將目的地設置成辦公地點,便可以安心地坐在座位上準備一天的工作了;上班的你不放心家裡的寵物,打開手機看到它正和機器人管家歡快地玩耍;下班回家的路上,把家裡的空調提前打開給自己營造一個涼爽的環境……這只是一個很小的生活片段,人工智能所帶來的不只是腦洞大開的生活,更是「科幻」的生活方式。

人工智能滲透到生活的方方面面,把人們從繁重的腦力勞動中解放出來,實現物質和精神層面的極大豐富,有更多的時間去享受生活、體驗生命。萬物互聯帶來高度自由,人們通過搭乘智能交通工具可以迅速到達任何一個目的地,也可以憑藉更加多元的社交媒體方式,和超越地理空間上的人相互交流。

人類文明的每一次進步,都伴隨著科技的重大突破。轟轟烈烈的第四次工業革命大幕已經拉開,人工智能正在引領人類社會進入新紀元。我們應該為生在這樣一個偉大的時代而感到驕傲,樂觀積極地面對人工智能開啓的未來之窗。[1]

三、積極探索實現人工智能的有效途徑

「人工智能」這一概念從提出至今已超過60年,並逐步從科幻走向現實。比如百度,「百度號」的寫作機器人已經可以實現體育新聞、熱點新聞等多領域的全機器創作;如訊飛,不但可以智能識別語音、將文字合成為語音,甚至可以模擬真人的語音,讓聽者難辨真假。

---

[1] 王永慶.人工智能原理與方法[M].西安:西安交通大學出版社,1998:12.

人工智能將極大地改變人們的生活方式和提高我們的生活水準。那麼,究竟我們用什麼來實現人工智能?有專家指出,「人工智能研究的是如何讓機器來完成人腦的任務,雖然計算機的計算能力大大超過人的大腦,但是認知能力卻遠不如人腦。人工智能的核心問題是如何採用計算的方式,來完成認知的任務,因此也可以稱為計算智能。實現人工智能的關鍵在於算法,現在業界普遍認為機器學習算法是實現人工智能最有效的途徑。」

提到機器學習,不免讓人聯想到「深度學習」一詞,而人工智能的發展是始於 2016 年 Hinton 等人提出的深度學習概念。深度學習可以理解為機器學習中的一種理念,當機器學習模型的層次超過一定數量時,就可以稱這種機器學習為深度學習。深度學習最大的一個優點就是通過分層學習,能夠形成具有良好的語義和泛化能力的特徵,更有利於完成後續的分類等智能任務。比如,科學家們進行過這樣的實驗:他們製造了一個機械海星,只為它輸入了控制自身部件的簡短代碼,以及讓它「學會自己走路」的目標,但它通過深度學習,只用了很短時間,就從只能在原地蠕動,到學會了流暢地行走,甚至當科學家截去其一部分「肢體」,它依然能頑強地繼續前進。

深度學習近幾年非常盛行,原因在於數據的不斷更新和機器模型訓練的進步。21 世紀初到現在,互聯網應用的普及使得數據更易獲取和收集,計算機硬件技術和雲計算等架構的進步使得計算能力大大提高,從而能夠處理大規模數據。正是信息通信技術(尤其是互聯網)的發展,累積了龐大的數據,並產生了大量的數據處理需求,從而為人工智能爆發奠定了基礎。一個第三方的估測數據是,過去 30 年來,全世界的數據量,一直以大約每兩年增加 10 倍的速度激增。而隨著我們進入大數據時代,每個人、每件設備的每個行為,都將納入大數據的信息

圖譜,我們產生的數據量還將持續增長。只有超強的計算力,才能處理無比龐大的海量學習數據①。

人工智能技術在給人類提供無限便利的同時,也引發一些科學家的擔憂,斯蒂芬·霍金在接受BBC採訪時表示,「製造能夠思考的機器無疑是對人類自身存在的巨大威脅。當人工智能發展完全,就將是人類的末日。」尼克·波斯特洛姆在他的暢銷書《超級智能》中也表達了對人工智能的擔憂,他說:「我們不是這個星球上速度最快的生物,但我們發明了汽車、火車和飛機。我們雖然不是最強壯的,但我們發明了推土機。我們的牙齒不是最鋒利的,但我們可以發明比任何動物的牙齒更鋒利的刀具。我們之所以能控制地球,是因為我們的大腦比地球上最聰明的動物的大腦都要複雜得多。如果機器比人類聰明,那麼我們將不再是這個星球的主宰。當這一切發生的時候,機器的運轉將超越人類。」電動車特斯拉CEO埃隆·馬斯克也是「AI末日論」的支持者,他堅信人類末日就在機器智能超越人類的那一天,因此他瘋狂地傾盡所有,期待移民火星。比爾·蓋茨也說過:「我站在對超級人工智能感到擔憂的一方。一開始機器能夠為我們完成很多工作,還遠沒有達到超級智能的水準。如果我們能夠妥善地管理,人工智能應該對我們是有利的。但是再過數十年,人工智能可能會強大到我們不得不擔心。在這個問題上,我同意埃隆·馬斯克和其他一些人的觀點,我不理解為什麼其他人對此並不擔心。」

對「AI末日論」也有很多科技大佬持樂觀的態度,比如扎克伯格、李飛飛、羅德尼·布魯克斯(MIT計算機科學和人工智能實驗室創始理事,被稱為「現代機器人之父」)、邁克爾·喬丹(美國國家科學院院士,

---

① 胡勤.人工智能概述[J].電腦知識與技術:學術交流,2010,6(5):3507-3509.

任職於加州大學伯克利分校計算機系,前百度首席科學家吳恩達的導師)、李開復(創新工場創始人)等,他們認為人工智能尚處於發展初期,當前階段應該更關注如何優化和提高 AI 技術,而不是無謂地恐懼甚至嘗試約束一些尚未出現的東西,未來一段時間內人工智能將為人類帶來更多好的改變。

　　仔細研讀這兩種對立的觀點,可以發現悲觀派和樂觀派觀點的差異主要源於著眼的人工智能發展階段和人工智能的類型有所不同。悲觀派呼籲人們警惕的是 AGI(general AI,即在各個方面都等同甚至超越人類水準的人工智能)和 ASI(超級人工智能),但這種異常強大的人工智能到底何時會來臨,尚不可知;而樂觀派討論的也是當前大部分人所熟知的 ANI(Narrow AI,即在特定專業領域達到或超越人類水準的人工智能),比如自動駕駛和診斷疾病其實都屬於 ANI 範疇,人工智能在這些專業領域確實可能會替代一部分人的工作。《好奇心日報》曾發布過一篇文章,這篇文章引用並整理了美國多家機構對勞動力市場的研究和調查報告,針對機器替代人類勞動力的情況進行了全面的分析。而麥肯錫的一份調查結果表明,涉及收集數據、處理數據以及可預測環境下的體力勞動最有可能被機器替代,比如製造業工廠流水線的工人、電話接線員、保險理賠人員、基金經理、零售業銷售人員;而那些涉及交流溝通或對專業性、創造性要求更高的工作則相對難替代得多。

　　AI 領域的專家從短期發展的角度給我們吃了一劑定心丸,並對 AI 技術改變生活充滿樂觀的期待。但從長遠的角度來看,未來人工智能到底會發展成什麼樣,會不會真的在整體上與人類的智力水準相等甚至碾壓人類,這個過程需要耗費幾年、幾十年還是幾百年,這些問題還沒有人能給出確切的答案。未來一切皆有可能,普通大眾本來就對 AI 所知有限,在現階段一味地宣揚 AI 將毀滅人類,將會製造不必要的恐

慌,影響公眾輿論甚至政府決策,從促進技術發展的角度來看並不是一件好事。

凡事皆有兩面性。技術變革往往是機遇與風險並存,更何況是 AI 這樣可能具有顛覆性的新技術,由於恐懼未來不可知的「危險」而停止技術進步的腳步是歷史的倒退。與其杞人憂天,不如盡情享受人工智能帶來的便利,這可能是更為實際的選擇①。

過去幾十年,「中國科技水準比不上西方國家」的觀念是很多海內外人士的共識。如今,當我們談到人工智能,也有很多人會有同樣的印象,消極一些的會認為中國作為東方人種,缺乏突破性創新科技的能力,積極一些的會考慮怎樣才能讓中國在人工智能領域中走向世界頂端。

第一次工業革命,中國被動地開啓近代化歷程;第二次工業革命,中國面臨空前的民族危機而喪失了追趕世界科技潮流的重要機遇;第三次工業革命,中國以追隨者的角色在科學技術領域探索出了巨大的成就;但在第四次科技革命中,中國幾乎是和歐美等發達國家同時起步的。隨著人工智能技術的不斷發展,這將極大改善人們的生活質量並助力中國的經濟發展。

如今伴隨人工智能的熱度急遽升溫,越來越多的公司正在投身這一領域,而它們絕大多數,都著眼於進入門檻更低,更適合初創企業發展的算法與應用環節。一個來自烏鎮智庫的相關數據是,目前全球平均每 10.9 個小時,就有一家人工智能企業誕生。人工智能作為新興領域,正處在技術革命轉向產業革命的關鍵時期,是中國企業彎道超車的最好時機。而中國自身也的確具備領跑人工智能的條件和潛力。目前

---

① 尼克·波斯特洛姆.超級智能[M].陳偉紅,譯.北京:中信出版社,2015:153.

全球人工智能企業最為集中的三個國家分別為美國、中國、英國，三國的人工智能企業數量占全球總數的 65.73%，其中中國的「BAT」在人工智能領域的佈局躋身全球第一梯隊。中國人工智能專利申請數累計達到 15,745 項，位列全球第二。中國人工智能論文引用量排名世界第一。中國人工智能領域融資規模約為 26 億美元，遠高於以色列和印度……這些數據的背後是中國強大人工智能實力的彰顯，也決定了中國將憑藉人工智能登上世界科技舞臺。

第七章　人工智能和新時代中國經濟建設

　　習近平總書記在黨的十九大報告中指出,中國特色社會主義進入了新時代,中國社會主要矛盾已經轉化為人民日益增長的美好生活需要和不平衡不充分的發展之間的矛盾①。馬克思主義的矛盾觀告訴我們,構成事物的多種矛盾以及每一矛盾的各個方面在事物發展中的地位和作用是不同的,有主要矛盾和非主要矛盾、矛盾的主要方面和非主要方面②。這種矛盾力量的不平衡性,也是矛盾特殊性的重要表現。在社會主義初級階段,中國社會主要矛盾的主要方面顯然不是人民日益增長的美好生活需要,而是不平衡不充分的發展。解放生產力和發展生產力,是社會主義的本質要求。

　　我們以前講落後的社會生產,現在講不平衡不充分的發展,這一轉變既是由於人民需要的轉變,更是因為科技的推動,包括現在的人工智能。推進「五位一體」總體佈局,就是要在政治、經濟、文化、社會和生態文明等五個方面推進全面建成小康社會,匯聚成百姓全方位的幸福感,

---

　　① 習近平.決勝全面建成小康社會 奪取新時代中國特色社會主義偉大勝利．在中國共產黨第十九次全國代表大會上的報告[M].北京:人民出版社,2017.
　　② 馬克思恩格斯選集:第一卷[M].北京:人民出版社,1972.

來滿足人民日益增長的美好生活需要。

人工智能在各行各業的應用與結合,給生產力帶來了極大地提高,給生產力結構和發展方式帶來了全方位的變革。智能經濟的快速發展,毫無疑問是中國經濟目前備受關注的最新現象和最明顯的發展趨勢[1]。習近平指出,我們既要全面建成小康社會、實現第一個百年奮鬥目標,又要乘勢而上開啓全面建設社會主義現代化國家新徵程,向第二個百年奮鬥目標進軍。在這個過程中,大數據和人工智能技術的發展為其提供了堅實的技術基礎[2]。

滿足人民日益增長的美好生活需要,就要以實體經濟為重點深化供給側結構性改革,推進經濟轉型升級,建設現代化經濟體系,推動經濟由高速增長轉向高質量發展。這其中人工智能是至關重要的科技推動力。因為人工智能產業是現代化經濟體系建設的重要組成部分,探索人工智能產業的有序、健康、可持續發展是化解當前社會經濟發展不平衡不充分矛盾的重要舉措與有益探索[3]。對於供給側結構性改革的解讀,要注意到供給側和需求側的區別,即需求側主要有投資、消費、出口三駕馬車,供給側則有勞動力、土地、資本、制度創造、創新等要素。與需求側不同,供給側結構性改革就是從提高供給質量出發,用改革的辦法推進結構調整,矯正要素配置扭曲,擴大有效供給,提高供給結構對需求變化的適應性和靈活性,提高全要素生產率,更好地滿足廣大人民群眾的需要,促進經濟社會持續健康發展。

在調整經濟結構、實現要素最優配置方面,人工智能將會發揮出巨

---

[1] 紀玉山.探索智能經濟發展新規律 開拓當代馬克思主義政治經濟學新境界[J].社會科學輯刊,2017(3):16-18.

[2] 趙明.科技進步與社會主義最終勝利[J].經貿實踐,2016(16):254-255.

[3] 李良琛.現代化經濟體系視域下人工智能產業發展問題探究[J].中國商論,2018(4):15-16.

大的作用。中國正致力於實現高質量發展,人工智能發展應用將有力提高經濟社會發展智能化水準,有效增強公共服務和城市管理能力。

第一節 人工智能:經濟建設政策與機遇

人工智能近年來發展迅猛,是人類尖端科技的璀璨明珠,可以大大提高一國的生產力。人工智能也稱機器智能,最初是在1956年的Dartmouth學會上提出的[①]。它是計算機科學、控制論、信息論、神經生理學、心理學、語言學等多種學科互相滲透而發展起來的一門綜合性學科。從計算機應用系統的角度出發,人工智能是研究如何製造智能機器或智能系統來模擬人類智能活動的能力,以延伸人們智能的科學。人工智能是計算機科學的一個分支,它企圖瞭解智能的實質,並生產出一種新的能與人類智能相似的方式做出反應的智能機器。

人工智能的發展經歷了三個階段。第一階段是20世紀50年代後期至60年代,主要是通過自然語言處理進行程序翻譯,以實現搜索與推理的效果。第二階段是20世紀70年代至80年代,人工智能開始從理論走向實踐,解決一些實際問題。同時很快就發現問題:歸結法費時、下棋贏不了全國冠軍、機器翻譯一團糟。此時,以Feigenbaum為首的一批年輕科學家改變了戰略思想,1977年提出了知識工程的概念,開展了以知識為基礎的專家諮詢系統的研究與應用。20世紀80年代人工智能已在一定程度上達到應用水準,產生了大量專家系統。第三階段是從21世紀初至今,其核心是伴隨大數據的出現,逐漸實現自我

---

① 曹承志.人工智能技術[M].北京:清華大學出版社,2010.

獲得知識的機械學習,並形成主動學習與深度學習的能力;隨著計算機和網路技術的發展與普及,其主攻方向體現於並行與分佈式處理技術和知識的獲取和推理機制。人工智能主要有三個方面的應用:一是識別和解析;二是預測和匹配;三是設計和自動化執行。

人工智能已成為全球新一輪科技革命和產業變革的著力點,是一片蘊藏著無限生機的產業新藍海,發展人工智能對於推動中國實現經濟結構轉型升級、提升國際競爭力至關重要[1]。未來,人工智能應用的廣度和深度都會大大增加。

一、《中國製造 2025》與《新一代人工智能發展規劃》

國家關於人工智能出抬過很多相關政策,其中最重要的是《中國製造 2025》和《新一代人工智能發展規劃》。

《中國製造 2025》首次提及智能製造,提出加快推動新一代信息技術和製造技術融合發展,把智能製造作為信息化和工業化的高層次深度結合的主攻方向,著力發展智能裝備和智能產品,推動生產過程智能化。《新一代人工智能發展規劃》明確指出人工智能發展分三步走的戰略目標,到 2030 年使中國的人工智能理論、技術與應用總體達到世界領先水準,成為世界主要人工智能創新中心。在「總體要求」的指導思想中提出:構築知識群、技術群、產業群互動融合和人才、制度、文化相互支撐的生態系統。在「基本原則」中提出:推進項目、基地、人才統籌佈局。要聚集起一批高水準的人才隊伍和創新團隊;形成一批全球領先的人工智能科技創新和人才培養基地。同時佈局建設重大科技創新基地,壯大人工智能高端人才隊伍,促進創新主體協同互動,形成人工

---

[1] 朱巍,陳慧慧,田思媛.人工智能:從科學夢到新藍海——人工智能產業發展分析及對策[J].科技進步與對策,2016(21):13-15.

智能持續創新能力。加大高端人工智能人才引進力度。開闢專門渠道,實行特殊政策,實現人工智能高端人才精準引進。重點引進神經認知、機器學習、自動駕駛、智能機器人等國際頂尖科學家和高水準創新團隊。鼓勵采取項目合作、技術諮詢等方式柔性引進人工智能人才。統籌利用「千人計劃」等現有人才計劃,加強人工智能領域優秀人才特別是優秀青年人才引進工作。

2016年以來,國家大力推動「互聯網+」領域創新能力建設。依託互聯網平臺,確定了從六個具體方面支持人工智能的發展,即知識產權保護、資金、系統標準化、人力資源發展、國際合作和實施安排。同時建立配套落地設施,包括基礎設施、創新平臺、工業系統、創新服務系統和人工智能基礎工業標準化。

過去五年裡,中國的信息化水準大幅提升,互聯網用戶數量躍居世界第一,信息領域核心技術的進步深刻改變了人們生活的諸多方面,而人工智能技術和應用飛速發展,帶來更為持久深刻的思維與變革。2017年中國人工智能市場規模為152.1億元,同比增長51.2%,憑借人工智能巨大的行業應用需求場景、研發能力累積與海量的數據資源、開放的市場宏觀環境有機結合,形成了中國人工智能發展的獨特優勢,依靠應用市場廣闊前景,推動技術革新,形成技術和市場共同驅動。全面實施戰略性新興產業發展規劃,加快人工智能等技術研發和轉化,將產業集群做大做強。

二、人工智能與傳統行業深度融合,催生了全新的領域

人工智能與傳統行業相結合,誕生了多個新領域,即新零售、新製造、新農業、新金融、新能源和新技術等。對新時代中國特色社會主義經濟建設來說,最重要的是新製造。

(一)新製造

為什麼新製造如此重要,要單獨論述呢?改革開放40年來,堅持鞏固加強第一產業、優化升級第二產業、積極發展第三產業是我們發展的方向。國家統計局的數據分析顯示,三次產業結構在調整中不斷優化,農業基礎地位更趨鞏固,工業逐步邁向中高端,服務業成長為國民經濟第一大產業。經濟增長由主要依靠第二產業帶動轉向依靠三次產業共同帶動,三次產業內部結構調整優化。而位於第二產業的傳統製造業與第三產業的現代服務業相結合,即人工智能和大數據的支撐下的現代服務業,就誕生了新製造。馬雲在2018雲棲大會闡釋了他對新製造的思考:新製造很快會對全中國乃至全世界的製造業帶來席捲性的威脅和席捲性的機會。

新製造的重點是人工智能大數據智能分配產能和人工智能優化生產流程。與傳統製造業相比,新製造不是我們想像中的實體和虛擬融合,而是製造業和服務業融合。新製造的競爭力不在於製造本身,而是製造背後的創造思想、體驗和服務能力。未來,創造就業的重點不是製造業,而是現代服務業。而人工智能和大數據是支撐現代服務業的革命性的關鍵技術。就像1913年福特發明了世界上第一條流水線,極大地提高了福特公司的產量和生產效率,帶來了工業生產的變革。人工智能和大數據就是今天的「流水線」。

未來製造業發展要以智能化與綠色化為核心,以科學技術帶動產業升級。只有突破技術瓶頸持續更新完整體系與全產業鏈的工業化,才能打破勞動力成本悖論[1],成功跨越中等收入陷阱。供給側結構性改革,製造業要逐步實現按需製造,其核心是數據。以前製造業靠電,未

---

[1] 喬曉楠,何自力.馬克思主義工業化理論與中國的工業化道路[J].經濟學動態,2016(9):17-28.

來的製造業靠數據，數據是製造業必不可少的生產資料，以前製造業發展好不好是看電力指數，未來我們看數據，看計算指數。人工智能、大數據、雲計算，所有這些都會像蒸汽機、石油改變手工業一樣，改變今天的生產車間。

人工智能從誕生以來，理論和技術日益成熟，應用領域也在不斷擴大，逐漸展現出在各行各業中的廣闊應用前景①。在2018年世界人工智能大會上，國家主席習近平指出，新一代人工智能正在蓬勃興起，將有力提高經濟社會發展智能化水準，有效增強公共服務和城市管理能力。

人工智能從生產力層面上推動了現代化社會中製造業、農業、電商零售、物流管理、金融、教育、健康、公共事業等領域的質量與效益提升。

在製造業領域，它是以人工智能大數據智能分配產能和人工智能生產流程為核心的。主要是視覺缺陷檢測、機器人視覺定位、故障預測三個方面，通過應用於製造過程與供應鏈的各個環節打造智能工廠，加快生產速度，降低營運和人力成本，使製造業從自動化轉向智能化，推動製造業轉型升級。

(二) 農業領域

人工智能在農業領域主要四個方面的應用，一是智能圖像識別，既可識別植物，又可識別病蟲害，並提供有針對性的治理方案。二是智能環境監測，智能除草、噴藥、灌溉及施肥，進行田間管理、土壤分析，並對環境進行監測。三是衛星雲圖預測天氣、氣候災害及判斷農作物生長狀況。四是智能管理，通過數據收集分析、動植物信息感知等技術智能管理農場。人工智能的應用有效提高了生產效率、降低了人力成本、推

---

① 徐勇.關於人工智能發展方向的思考[J].科技創新與應用,2016(3):38-39.

動傳統農業向智能農業發展。

(三)電商零售領域

電商零售領域,主要是顧客管理、倉儲與庫存管理、供應鏈管理、新型支付四個方面,像電商的智能導購和客服、淘寶使用的根據用戶的行為和偏好智能生成並投放廣告的「魯班」系統。人工智能在電商零售領域的引入可降低人力成本、提高營運效率,使電商零售行業大大受益。

(四)物流管理領域

人工智能可以實現物流貨物的可視化、即時監控運輸設備、建立全自動物流配送中心等,包括京東的無人機、亞馬遜超級倉、阿里菜鳥的自動分揀系統,促進快遞業從起初的勞動密集型產業轉為技術密集型產業。

(五)金融領域

人工智能能夠實現智能投資顧問、智能資產管理和智能風險控制,提供更加廉價與便利的金融服務和更加精確和有效的風險評估服務,有效地降低金融交易成本、提高交易效率、促進金融市場公平發展。

(六)教育領域

在該領域,人工智能的應用包括在線教育、虛擬助手、學生智能管理和專家系統四大應用場景。其中,在線教育主要包括基於互聯網的在線課堂和在線輔導;虛擬助手包括智能陪練、英語語音測評、對話機器人等;學生智能管理包括智能分班排課、智能圖書館、校園安防等;專家系統包括升學、職業規劃和心理諮詢管理。人工智能對學校、對學生、對老師三方都具有降本提效的價值。把教育行業從勞動密集型的「農業時代」帶向成本更低、效率更高的「工業時代」,成為教育行業未來發展的驅動力。

（七）健康領域

在該領域人工智能的應用包括輔助診斷與手術操作、醫學影像、藥物挖掘與開發等①，BAT 在醫療領域也有大的佈局，有騰訊覓影、百度醫療大腦、阿里巴巴 ET 醫療大腦。還有像我們日常用到的每日步數和身體健康監測等，都給我們的健康生活提供了極大的便利。

（八）公共事業領域

人工智能是建設智慧城市的重要推動力，主要應用在城市管理、安防、交通、環保等領域。人工智能可以通過分析城市運行和發展過程中形成的大數據，提取有效信息，提升城市管理和建設水準和效率。

三、人工智能的獨特優勢與人類面臨的挑戰及應對

（一）人工智能的獨特優勢

長期來看，人工智能能夠為社會發展注入新動能，改變人們的生產生活方式，將在現代化經濟體系建設方面發揮重要作用，助力中國特色社會主義路線的穩健前行。

人工智能作為未來的科技制高點，對新時代中國特色社會主義經濟建設具有全方位的意義和深層次的影響。「集中力量辦大事」的能力是中國的獨特優勢，也是在當今時代大力發展科學技術尤其是尖端科技的制度優勢。同時發展起來的科技反過來促進了社會物質財富的累積和人民生活水準的提高，間接提高了勞動力素質。因此，在新時代中國特色社會主義經濟建設中，作為尖端科技的代表的人工智能具有許多獨特優勢。

作為高新技術的人工智能具有很高的商業價值，擁有數據意味著

---

① 周路菡.醫學人工智能開始加速產業化[J].新經濟導刊,2017(7):18-22.

擁有戰略上的優勢。因為通過數據可以更好地瞭解人類、可以設計製造更好的軟件,讓更多的人享受快樂,企業也就能夠賺取更多的利潤。

在就業方面,人工智能催生了一些新的工作領域,創造了更多的工作崗位,可以很好地解決就業問題。但是也要注意人工智能對就業的替代性和創造性綜合的影響①,這個方面將在下一章詳細論述。未來隨著自動駕駛、超人類視覺聽覺、智能工作流程等技術的發展,專業司機、保安、放射科醫生、行政助理、稅務員、家政服務員、記者、翻譯等工作都將可能被人工智能所取代。

隨著相關基礎設施配套跟進,智能化的普惠醫療在未來將覆蓋更廣的人群。受經驗和時間等條件的限制,醫生有時候難以跟進最新治療方案和方法,也無法瞭解所有醫學案例。人工智能則可以在短時間內分析大量數據,精確判斷病症,並找到最佳的治療方案,為人們提供最好的治療。人工智能在醫療領域引入了生物識別系統,不用擔心紙質病歷遺失的問題,只需要一個小小的芯片就能解決此類問題。

人工智能使各行業的生產效率得到大幅提高,為人類的美好生活提供了堅實的物質基礎。人工智能將人類從重複的、無意義的工作中解放出來,從高危險的工作中解放出來,讓人有了更多選擇的自由,從而把更多精力投入到更有意義的領域中去。人工智能也會讓人類突破科學探索的極限,比如外太空、深海、地殼深處這些人類過去無法到達的地方,現在都可以通過人工智能機器人代勞。不同於普通的機器人,人工智能機器人擁有更豐富的知識和更綜合的判斷力,加上大數據高效分析與綜合運用,能夠讓人們探索到世界的更深層的奧秘。可以說,人工智能使人類超越了自身的局限,實現了人類的進一步解放。

---

① 趙磊,趙曉磊.AI正在危及人類的就業機會嗎?——一個馬克思主義的視角[J].河北經貿大學學報,2017(6):17-22.

人工智能推動了人類的理性進步,促進人類社會的發展。人工智能研發過程的本身就是人的腦力勞動,是人的認知不斷深刻、邏輯思維能力不斷完善的過程。人工智能更新並豐富了人類應對各種問題的方法,拓寬了人類知識技能範圍,伴隨而來的大數據一方面給人們帶來新的分析方法,另一方面也面臨前所未有的海量數據的挑戰。如今,人工智能根據對大數據的分析可以提高洪水、地震等自然災害的預報精度,但處理大數據時需要數據清洗則占據了80%以上的時間,如果這些交給人工智能來做,會大大節約時間,提高效率。雖然人工智能在這方面的應用有待提高,但在不遠的將來,這些都將成為現實。

在技術變革的風口浪尖,要緊跟時代步伐,抓住時代的契機,大力發展人工智能等尖端科學技術,為滿足人民日益增長的美好生活需要提供堅實的物質基礎。

(二)人工智能使人類面臨挑戰

人工智能是一把「雙刃劍」,在解放生產力和帶來機遇的同時,有很多負面影響。有些問題是內生的,是技術變革本身所固有的;有些問題是外生的,取決於使用人工智能技術的人。

(1)人工智能對社會財富分配的挑戰。由於人工智能對簡單勞動的替代效應,這些工作崗位的消失導致中等收入階層人數減少[①]。而勞動力的學習需要時間和成本,導致中等收入階層向低等收入階層轉移。同時擁有大量資本投資的高等收入階層則會因為人工智能的高效率工作和更低的邊際成本而獲得更大的收益。這將導致「贏者通吃」的收入兩極分化的局面。歐洲工會研究院通過皮尤研究中心的研究數據分析發現,1971—2015年中等收入階層的占比由61%下降到50%,並認為

---

① 林毅夫,陳斌開.發展戰略、產業結構與收入分配[J].經濟學(季刊),2013(4):1109-1140.

未来信息和通信技术的发展会使中等收入阶层规模缩小,而低技能且低薪与高技能且高薪的工作岗位都将会增加。人工智能在未来可能给社会收入分配问题带来严峻的挑战。

(2)人工智能对就业的挑战。要认识到,就业方面的挑战是结构性和总量性共生的。从结构性上来说,人工智能的广泛应用将使各领域许多生产步骤的自动化、智能化、数字化程度不断加深,导致各行业对就业人员的技能需求随之变化[①]。马克思时代的简单劳动、体力劳动将由人工智能机器人来完成,而复杂劳动、创造性劳动、脑力劳动将成为劳动力需求的主流。具体而言,工作岗位会逐渐消失,与大数据、信息服务、高新技术、管理人员等相关的岗位将会成为主流,从而使就业结构发生深层次变化。从总量性来说,人工智能的替代和创造是两种不可分离的互斥的影响。欧洲工会研究院通过统计分析数据指出,短期内替代效应要大于创造效应,且短期内这种差距尤为突出。这是因为短期内,人工智能创造的岗位门槛较高,学习成本和时间限制了短期内创造效应的发挥。欧盟委员会的研究得出结论,人工智能带来的技术变革会加剧收入不平等,而且数字经济和信息技术的发展会使处于中等收入阶层的人们比现在更频繁地更换工作,进而影响其个人拥有技能的适应性,使大部分工人由熟练工人变为非熟练工人,致使其工资下降,从而加剧贫富分化[②]。总的来说,结构性的冲击和短期内学习成本的限制,人工智能对就业的挑战非常大,可能给政府带来潜在的就业负担。

---

① Frey B, Osborne A. The Future of Employment: How Susceptible are Jobs to Computerisation? [J]. Technological Forecasting and Social Change, 2013(1): 114-115.

② European Commission. A Concept Paper on Digitization Employability and Inclusiveness-the Role of Europe[R]. Brussels: European Commission, 2017.

(3)在某些特殊情況或極端情況下，人工智能具有很大的危險性。2015年，德國汽車製造商大眾公司位於德國的一家工廠內，一個機器人殺死了外包員工。2017年，在人工智能機器人發展最快的國家之一的日本，有100多人死於機器的錯誤回應，致殘的有8,000餘人。如果人工智能技術落入恐怖分子之手，可能會製造破壞性更強的智能武器，帶來嚴重的社會危害。對於特殊人群，人工智能還可能導致精神生活退化。人工智能未來會實現與人類的情感交流，機器人伴侶和機器人管家將會更加像一個「人」，人類若把精神寄託在人工智能機器人身上，則會忽略了與真實的人打交道，社會因為有人而精彩，如果人沉溺於人工智能伴侶，社會將是一片死寂。這個世界將沒有藝術，沒有音樂，沒有書籍。

(三)積極應對人工智能帶來的挑戰

針對以上人工智能帶來的挑戰，社會保障政策和政府宏觀調控是至關重要的。具體而言，政府應該從調節收入分配、完善法律法規、促進就業、社會保障、加強中國特色社會主義精神文明建設五個方面著手。

(1)調節收入分配方面:政府可通過稅收與轉移支付縮小收入分配差距。轉移支付的對象應該覆蓋受人工智能影響的失業群體，也要考慮原本從事中等收入工作被迫轉移至低等收入工作的人群。稅收的來源可分為兩種:一是針對運用大量人工智能技術而裁員的高收益企業徵收特種稅，二是針對高收入個人的所得稅。但要注意，前期人工智能的發展並不充分，第一種針對企業的特種稅可以暫免，以免抑制了企業發展人工智能的積極性。為了避免這一點，政府可通過實行行業稅收優惠政策。

(2)完善法律法規方面:應完善人工智能相關法律法規，在人工智

能的技術開發、負面清單、商業化應用、知識產權保護等方面建立完善的法規制度。清晰完善而執行有力的法律法規是促進人工智能發展的必要保障,同時政府監督和行業自律都是以後要完善的方向。人工智能的發展要走中國特色社會主義道路,以法律為準繩。另外,要在人工智能領域引入市場競爭機制,防止技術性壟斷或不正當競爭出現。

(3)促進就業方面:通過向勞動者提供與人工智能技術相關的勞動技能培訓,建立職業培訓與終生學習體系,及時和全面地向勞動者提供空缺職位信息與就業諮詢服務,幫助勞動者與空缺崗位實現高效匹配。

(4)社會保障方面:通過完善失業保險、就業援助、困難家庭救濟和醫療補助等制度,為勞動者提供基本保障。針對失業人員的困難等級,設計不同的社會保險費率。對就業困難人員提供靈活就業社會保險補貼,使其可以實現從失業到再就業期間的平穩過渡。

(5)加強中國特色社會主義精神文明建設方面:弘揚社會主義新風尚。加強對青少年的教育和引導,防止青少年沉溺於人工智能的虛擬世界中。引導人們正確健康地對待人工智能這一新技術及其應用,以社會主義核心價值觀體系作為指引發揮出人工智能的正能量。

人工智能並不可怕,只要合理和及時地應對,就能將人工智能帶來的衝擊降到最小,使人工智能為新時代中國特色社會主義服務。

人工智能作為未來的科技制高點,對新時代中國特色社會主義經濟建設的意義是多方面的、全方位的,又是深層次的、結構性的。如今,中國特色社會主義進入新時代,中國經濟社會發展主要矛盾已發生轉化,與人民日益增長的美好生活需要相比,發展不平衡不充分的問題仍比較突出,發展質量和效益還不高,對此要有清醒的認識。我們要抓住時代的契機,大力發展科學技術,以科技帶動生產力,促進國家的現代化建設。

人工智能作為新時代技術革命的璀璨明珠,將進一步解放和發展生產力,在科學技術層面實現倍增的勞動生產率。發揮人工智能在促進生產力發展方面的積極作用,一方面要在新時代中國特色社會主義事業的各個領域全面導入人工智能,抓住歷史機遇將人工智能做大做強;另一方面必須重視人工智能帶來的挑戰,合理並及時地應對挑戰並採取積極的應對措施。人工智能作為尖端科技的代表,在推動生產力發展的同時,也要持續調整優化生產關係,使之可以適應並促進生產力的發展。要認識到一切生產力的發展,必須要有新的生產關係與其相適應,這是馬克思關於生產力和生產關係的理論告訴我們的。在未來,人工智能等高新技術將推動生產力的發展,建立現代化經濟體系。同時必須堅持推進全面深化改革,建立和完善最適合生產力發展的社會主義市場經濟體制。

正確引導和發展人工智能產業,對新時代中國特色社會主義經濟建設、實現分兩步走在21世紀中葉建成富強民主文明和諧美麗的社會主義現代化強國的目標具有重要意義。

第二節　人工智能與中國特色社會主義經濟建設實踐

2018年9月17日,習近平在致世界人工智能大會的賀信中說道:「新一代人工智能正在全球範圍內蓬勃興起,為經濟社會發展注入了新動能,正在深刻改變人們的生產生活方式。中國正致力於實現高質量發展,人工智能發展應用將有力提高經濟社會發展智能化水準,有效增強公共服務和城市管理能力。」黨的十八大以來,習近平總書記把創新擺在國家發展全局的核心位置,高度重視人工智能發展,多次談及人工

智能的重要性,為人工智能如何賦能新時代指明了方向。因此,研究人工智能與中國特色社會主義實踐的發展關係則顯得尤為重要。

一、理論創新:經濟建設實踐的依據

潘敬萍在《中國人工智能發展現狀與應對策略研究》中給出了人工智能概念的界定,分析了人工智能產生的時代背景,同時她還分析了人工智能在中國的發展現狀並進行了前景預測①。宋平在《智能生產力探析》中分析了人工智能產生的國際背景與國內背景,並且解釋了智能生產力與社會發展之間的關係②。王耀東在《以「制」強「智」》中提到了重慶如何將習近平新時代中國特色社會主義思想貫徹落實,他分析了重慶如何將人工智能應用到傳統生產方式上並實現了生產方式的大轉變,使重慶最終實現了經濟的大增長。王耀東以重慶為例展示了新時代中國特色社會主義與人工智能的結合③。陳自富在《人工智能為實體經濟注入新動能》中指出了人工智能與實體經濟發展的關係以及發展人工智能與貫徹實施新時代中國特色社會主義思想的關係。同時陳自富也在文章中分析了人工智能如何融入各個行業中,推動傳統行業的改造升級④。

斯圖爾特·羅素與谷歌研發總監彼特·諾維格認為,人工智能是能從環境中感知信息,能夠採取理性行動,進而獲得最佳結果的智能體⑤。2015年,堪稱「日本人工智能聖地」的公立函館未來大學,校長中

---

① 潘敬萍.中國人工智能發展現狀與應對策略研究[J].現代商業,2018(21):25-28.
② 宋平.智能生產力探析[J].牡丹江大學學報,2018,27(11):1-4.
③ 王耀東.以「制」強「智」[J].當代黨員,2018(18):50-51.
④ 陳自富.人工智能為實體經濟注入新動能[N].人民日報,2017-11-20.
⑤ 斯圖爾特·羅素,彼特·諾維格.人工智能:一種現代的方法[M].3版.殷建平,等譯.北京:清華大學出版社,2013:4.

島秀之在其所著的《人工智能狂潮》中將人工智能定義為「採用人工方法製造的具有智能的實體,或者以製造智能為目的的、對智能本身進行研究的領域」①。另外,韋康博認為人工智能是對人的意識、思維的信息過程的模擬②。當前對人工智能較為普遍的定義是:人工智能是研究、開發用於模擬、延伸和擴展人的智能的理論、方法、技術及應用系統的一門新的技術科學。它是對人的意識、思維的信息過程的模擬。

2017年10月黨的十九大勝利召開,標誌著中國進入了中國特色社會主義的新時代,新時代需要新的科技發展戰略,為中國科技發展提供行動指南和思想指引③。中國要在全球下一輪科技革命與產業革命的關鍵領域占得先機,就必須要緊緊抓住人工智能發展熱潮。《新一代人工智能發展規劃》的制定則充分展示了中國對人工智能發展先機的構築④。

從全球化的發展背景來看,全球化是歷史不可逆轉的潮流。習近平總書記提出的「一帶一路」倡議以及「人類命運共同體」構想,都體現了全球化的發展趨勢。從實踐馬克思主義理論的方面來看,馬克思指出「各個相互影響的活動範圍在這個發展進程中越是擴大,各民族的原始封閉狀態由於日益完善的生產方式、交往以及因交往而自然形成的不同民族之間的分工消滅得越是徹底,歷史也就越是成為世界歷史」⑤。然而在「一帶一路」的進程中為了在各個國家之間實現互聯互通,語言障礙成了一大障礙。人工智能則成了「一帶一路」進程的「催

---

① 松尾豐.人工智能狂潮:機器人會超越人類嗎?[M].趙函宏,高華彬,譯.北京:機械工業出版社,2015:24.
② 韋康博.人工智能[M].北京:現代出版社,2016.
③ 習近平.決勝全面建成小康社會,奪取新時代中國特色社會主義偉大勝利[R].2017.
④ 國務院:國務院關於印發《新一代人工智能發展規劃》的通知.
⑤ 馬克思恩格斯選集:第1卷[M].北京:人民出版社,2012:168.

化劑」，因為智能翻譯機可以有效地解決溝通障礙，改變傳統低效的交流方式，高效地提升全球化的速度。

從智能生產力方面來看，智能生產力是中國特色社會主義的新時代下最新的生產力，能為新時代注入全新的動能。2017年7月，國務院在印發的《新一代人工智能發展規劃》中，對中國人工智能發展明確提出了戰略目標，其中就提到要在2020年達到總體技術和應用與世界先進水準同步，人工智能產業成為新的重要經濟增長點，人工智能技術應用成為改善民生的新途徑。[①] 人工智能的規劃與全面建成小康社會的戰略目標實現了完美的契合。比如，鄉村振興是實現全面建成小康社會的著力點，而人工智能技術能夠為鄉村振興帶來新的發展點。這是因為智能生產力能夠在打造新農業、點綴新農村以及培育新農民等方面都能發揮出重要的作用。

二、人工智能與中國經濟建設實踐息息相關

中國特色社會主義從1949年發展至今，經歷了幾次重大的轉折。可以從中國社會主義實踐的社會基本矛盾和主要矛盾、黨和國家工作中心以及黨治國理政基本方略來詮釋中國特色社會主義三次飛躍，可以從歷史的長河中探究出人工智能在中國特色社會主義發展中誕生的原因以及人工智能與中國特色社會主義的關係。

從社會基本矛盾和主要矛盾的三次飛躍來看，1949—1978年，中國基本上建立了先進的社會主義生產關係和社會主義民主政治，但是生產力和經濟基礎仍然嚴重落後。此時的社會基本矛盾表現為「落後的生產力和經濟基礎與先進的生產關係和上層建築之間的矛盾」。而國

---

① 陳自富.人工智能為實體經濟注入新動能[N].人民日報，2017-11-20.

內社會主要矛盾表現為,「已經是人民對於建立先進的工業國的要求同落後的農業國的現實之間的矛盾,已經是人民對於經濟文化迅速發展的需要同當前經濟文化不能滿足人民需要的狀況之間的矛盾」。這是中國社會主義初級階段社會基本矛盾和主要矛盾的第一次飛躍。中國在經歷了1949—1978年三十年的社會主義建設之後,國防、科技和社會生產力都有了很大的發展和提升,但是「高累積、低消費」發展趨勢下,人們迫切地渴望提高生活水準。1979年中國的主要矛盾是「我們的生產力發展水準很低,遠遠不能滿足人民和國家的需要」;1981年中國的主要矛盾是「在社會主義改造基本完成以後,中國所要解決的主要矛盾,是人民日益增長的物質文化需要同落後的社會生產之間的矛盾」。這是中國社會主義實踐中社會主要矛盾的第二次飛躍。經過1978—2012年三十多年生產力的快速發展之後,中國社會表現出了新的時代特徵。在新時代裡,高度機械化、信息化和人工智能化以及規模龐大的中國勞動力所形成的龐大生產能力,與商品價值實現之間的衝突日趨嚴峻,迫切需要廣大勞動者掌握先進的生產工具和生產資料。習近平總書記在黨的十九大報告中明確指出:「新時代中國社會主要矛盾是人民日益增長的美好生活需要和不平衡不充分的發展之間的矛盾。」

從黨和國家工作中心的三次飛躍來看,1949—1978年的社會主要矛盾表現出了雙重性,所以決定了黨和國家的工作中心由「生產關係上的社會主義改造」轉變到「一手抓革命,一手抓生產」或「抓革命促生產」上來。這是黨和國家工作中心在中國社會主義實踐中的第一次飛躍。1978—2012年中國社會主要矛盾轉化為「人民日益增長的物質文化需要同落後的社會生產之間的矛盾」。同時期,西方資本主義國家的生產力在新技術與新產業的帶動下有了快速發展,南北差距逐漸擴大。

以鄧小平為核心的黨中央,適時轉變了黨和國家的工作中心——「以經濟建設為中心」。這是黨和國家工作中心在中國社會主義實踐中的第二次飛躍。黨的十八大以來的新時代,黨和國家工作重心轉變為以人民為中心,奪取新時代中國特色社會主義偉大勝利,實現中華民族偉大復興的中國夢,「五位一體」總體佈局,「四個全面」戰略佈局。

從黨治國理政基本方略的三次飛躍來看,1949—1978年黨治國理政基本方略為:「一化三改造」的過渡時期總路線與「跨越式發展」等方針和政策。1978—2012年,黨治國理政基本方略轉變為:工農業的年總產值翻兩番奮鬥目標與堅持四項基本原則、堅持改革開放、效率優先兼顧公平等方針和政策。新時代,黨治國理政基本方略為:「建成富強民主文明和諧美麗的現代化社會主義強國」的總任務和「五位一體」總體佈局、「四個全面」戰略佈局等方略。

黨中央對新時代中國社會主要矛盾的論斷、黨和國家在新時代的工作中心以及黨在新時代治國理政的基本方略,構成了習近平新時代中國特色社會主義思想的基本內容。這同時也是馬克思主義中國化、時代化的最新成果,是馬克思主義在中國社會主義實踐中的第三次飛躍。從中國社會主義實踐的社會基本矛盾和主要矛盾、黨和國家工作中心以及黨治國理政基本方略的三次飛躍中可以看出人工智能與中國特色社會主義的發展關係。人工智能就是在中國社會主義實踐的三次飛躍中應運而生,它是習近平新時代中國特色社會主義思想指引下的產物,在推動傳統製造業向數字化、網路化、智能化轉型,為高質量發展注入新動能方面發揮了舉足輕重的作用。習近平新時代中國特色社會主義的標籤之一就是人工智能,同時,人工智能也是新時代中國特色社會主義發展中最關鍵的一個環節。

習總書記在十九大報告中指出:「經過長期努力,中國特色社會主

義進入了新時代,這是中國發展新的歷史方位。」報告中確定了新時代中國特色社會主義思想和基本方略:「貫徹新發展理念,建設現代化經濟體系。發展是解決中國一切問題的基礎和關鍵,發展必須是科學發展,必須堅定不移貫徹創新、協調、綠色、開放、共享的發展理念。必須堅持和完善中國社會主義基本經濟制度和分配制度,毫不動搖地鞏固和發展公有制經濟,毫不動搖地鼓勵、支持、引導非公有制經濟發展。」

在貫徹新發展理念,建設現代化經濟體系當中,科技發展有著重要的地位。首先,建設現代化經濟體系,必須要把發展經濟的著力點放在實體經濟上,加快發展先進製造業,推動互聯網、大數據、人工智能和實體經濟深度融合,在中高端消費、共享經濟、人力資本服務等領域形成新的增長點、發展出新動能。其次,加快建設創新型國家。以世界科技前沿為航向標,強化中國的基礎研究,實現原創成果的重大突破。另外,拓展實施國家重大的科技項目,實現技術創新,為建設科技強國和數字中國提供有力的支撐。

三、新時代中國經濟建設實踐範例

中國社會主義新發展理念是要創新,而科技創新在其中扮演的角色有著舉足輕重的地位。中國特色社會主義進入了新時代,中國經濟發展也進入利潤新時代,經濟發展已由高速增長階段轉向高質量發展階段。要想推動高質量發展,破解發展難題,厚植發展優勢,必須牢固樹立並切實貫徹創新、協調、綠色、開放、共享的發展理念。創新作為經濟社會發展的第一動力,旨在解決發展力問題,因此堅持創新發展必須把創新擺在國家發展全局的核心位置,讓創新貫穿於黨和國家的一切工作中。

建設現代化經濟體系的基礎是發展實體經濟,而發展科技則成了

首當其衝的要務。現代經濟體系由產業體系、市場體系、收入分配體系、城鄉區域發展體系、綠色發展體系和經濟體制組成。而發展實體經濟是建設現代化經濟體系的基礎,是一國經濟的立身之本,是財富創造的根本源泉,也是國家的重要支柱。要想實現實體經濟的大力發展,就必須深化供給側結構性改革,加快發展先進製造業,推動互聯網、大數據、人工智能同實體經濟深度融合,由此營造出一個勤奮勇敢、實業致富的發展環境和社會氛圍,進而提高中國的經濟質量優勢。發展實體經濟、「互聯網+」「中國智造」和新一代信息基礎設施,其核心而關鍵的問題都是互聯網、大數據和人工智能與實體經濟的深度融合。

以浙江實施人工智能推動產業升級改造來看,在推動浙江產業轉型升級時,習近平總書記指出「如果科技創新搞不上去,發展動力就不可能實現轉換」。所以基於此發展理念,要推動浙江省的高質量發展,習近平總書記提出:一是加大新經濟新動能的培育力度。瞄準科技創新前沿,實施一批重大科技項目,在人工智能、柔性電子、量子通信、新材料等領域培育一批引領未來的重量級產業。二是完善創業創新生態系統。大力發展科技金融,完善科技服務體系,加快建成一批產業創新服務綜合體、製造業創新中心。三是加快推動科技創新大平臺的建設,打造高質量發展的堅實支撐。加快引進和建設一批國內頂尖、世界一流的「大院名所」和重大科學裝置,建成「互聯網+」世界科技創新高地。

以重慶市政府助力智能化助推高質量發展來看,在習近平新時代中國特色社會主義思想指引下,重慶推進了以智能化為引領的創新驅動發展戰略,即以大數據智能化與實體經濟的深度融合,為高質量發展注入新動能。重慶以智能化為引領的發展戰略,將傳統製造業推向了數字化、網路化和智能化轉型。目前,該市有近 20 年歷史的傳統電子企業已經升級為智能工廠,產品壽命從 5 年提升到了 8 年,作業人員相

比之前減少了30%。為了支持智能化改造,重慶市財政將80%以上的重點研發項目資金投入,用於大數據智能化的應用方面。目前,重慶已有200多家企業進行了智能化改造,生產效率平均提高了327%。2018上半年,重慶市政府投入了1.56億元,旨在調動大量社會資金投入到智能化領域。製造業的智能化改造,同時促進了重慶智能產業的發展壯大,許多智能產業全鏈條上的企業不斷湧現,不少企業紛紛前往重慶安家落戶。人臉識別、唇語識別等技術,都得到了快速發展。目前,重慶現有的智能化產業企業多達3,000多家,初步形成了智能裝備產業鏈的雛形。

以湖北、河南在農業中應用智能生產力來看,在2017年10月,湖北武漢啓動了中國首個農業全產業鏈人工智能工程「農業大腦·精準農業平臺」,此舉改變了湖北傳統的農業經營方式。另外,河南一位農民大叔自覺學習智能化知識製造焊鋼機器人,實現了年收入近百萬元。人工智能不管是在促成全面小康建成的方面,還是在傳統產業的轉型升級和服務等方面都將發揮重要作用。

第三節　人工智能在經濟建設中的作用

隨著國家社會生產力的不斷發展,人們對人工智能的認識也在不斷深化,人工智能的發展經歷了三個階段:技術驅動階段、數據驅動階段、情境驅動階段。在技術驅動階段基本算法的發展,成了推動人工智能進步的最大動力。尤其是在1956年著名的達特茅斯會議之後,人們對於算法程序語言的開發投入了極大的熱情,掀起了人工智能發展的第一波高潮。數據驅動階段是數據推動人工智能更新迭代的一個階

段,在這個階段裡可以獲得並進行分析的數據成量級的、成幾何級數的增長,不僅提高了大數據的計算能力,使人工智能的大規模運算成為可能,並且反過來倒逼了數據的採集、清洗和累積,以及相應的軟硬件設施的發展,推動了整個大數據行業的騰飛。而情境驅動階段技術進一步推動了創新,並且人類把 AI 的發展從特有性目標推到了通用行為目標,這個階段是情境來推動物質,能深入到更具體的應用中。隨著人工智能技術發展和數據的累積,行業逐漸發現短期內通用智能和強人工智能有把數據分佈成情境化的特性,現正在努力使得人工智能的優勢能惠及各個行業。

摩爾定律指出集成電路的性價比隨著時間的推移會越來越高,這也從側面反應了信息技術發展速度是呈幾何倍數增長的。馬克思主義從最初就開始教導我們要實事求是,與時俱進。因此黨和國家高度重視信息技術革命,於 2017 年提出了《新一代人工智能規劃》,提出了面向 2030 年中國新一代人工智能發展的指導思想、戰略目標、重點任務和保障措施,部署構築中國人工智能發展的先發優勢,加快建設創新型國家和世界科技強國的戰略目標。未來的人工智能發展,將以芯片先行。深度學習通過構建內層的機器學習模型和海量的數據來訓練機器,使機器去學習更有用的特徵,從而最終提升分類和推理的準確性,引領當今人工智能算法方向。將人工智能的成果與國家的各行各業緊密相連,創造萬物互聯、高效的新時代。

中國特色社會主義理論是馬克思主義與中國實際國情相結合,通過實踐凝練昇華,從而建設社會主義強國的科學體系。馬克思主義作為中國特色社會主義理論重要思想來源,在生產力和生產關係的聯繫上就揭示了人工智能與中國的中國特色社會主義理論是密不可分的。

首先中國特色社會主義的世界觀是繼承並發揚馬克思主義的唯物

史觀,追求實事求是,強調與時俱進,不斷吸收一切人類的文明成果,之所以我們談馬克思主義是科學的,正是因為它吸收了當時的三大發現,即細胞學說、生物進化理論、能量守恒和轉化定律。但馬克思主義在吸收了這些科學成果後並沒有故步自封,而是繼續隨著科學技術的發展而發展,如20世紀初期的量子力學,愛因斯坦的相對論,20世紀中葉計算機科學的興起,到如今的信息技術革命,馬克思主義理論不斷充實完善自己,而脫胎於馬克思主義的中國特色社會主義理論,不僅僅是吸收一切優秀文明成果(包括科學技術),而且還有近代中國以來豐富的實踐探索,讓我們真正做到了理論與實際相結合。人工智能作為目前的先進科學技術發展方向,它的產生就體現了意識與物質之間的辯證關係,同時也拓寬了對意識本質的思考。我們可以通過計算機技術實現對人腦的模擬,將其看不見摸不著的東西物化。此外人工智能發展的本質仍然是生產力水準的發展,而生產力與生產關係是否協調,影響整個國家經濟發展、民生建設。而中國特色社會主義理論其本質是為了解放發展生產力,實現人類的共同富裕,從這一點來看,人工智能與中國特色社會主義理論的發展是有極大的相關性的。通過將人工智能應用到中國的社會主義實踐建設當中,是遵循了馬克思主義的唯物史觀,也是符合我們國家未來發展戰略的,可謂一舉多得。

　　新中國成立以來,黨和國家領導人一直高度重視中國教育發展問題,尤其是城鄉在教育層面的發展水準最近十年出現了較為明顯的差異,廣大鄉村地區由於經濟基礎落後,部分群眾教育程度水準低,教育資源多向城市傾斜,這也是為何近20年來農村地區的學生越來越難以與城市學生競爭的原因。因此在黨的十九大報告中,習近平總書記要求:「推動城鄉教育一體化發展,高度重視農村義務教育,辦好學前教育、特殊教育和網路教育,普及高中階段教育,努力讓每個孩子都能享

有公平而有質量的教育。」推動城鄉教育一體化是能夠有效提高國民素質的重要舉措，也是我們國家在提升科教文化實力，建設文明的社會主義強國所做出的努力。

　　長期以來，中國的教育資源分配不均，其中很重要的一個問題是由於中國幅員遼闊，偏遠地區的教育自然無法與沿海經濟發達地區的教育水準相比。但是進入 21 世紀後，互聯網的出現，將天南海北縮小到方寸之地，而人工智能的不斷發展，則可以打造相應的智能教育平臺，通過利用平臺上最新人工智能錄播系統和海量的數據庫系統，將整合全國的教育資源、專家、文化大師，直接在網路中、在手機上給每個鄉村孩子講課，對每個鄉村教師進行培訓。智能式的教育平臺在具體應用中可以發揮如下作用：例如它可以很好地解決區縣級各年級各學科的教研活動、賽課活動開支較大、效率相對低下、次數有限、成效不大、工研矛盾的問題。老師們通過網路的手段一方面上傳精品課，供其他老師學習、參考，同時從平臺上面也能學習其他優秀老師的授課方式方法，然後再結合本年級的教育情況，因材施教。此外，對於農村學生而言，普通上課接觸的是灌溉式教育，可接觸的信息資源較少，自然視野也不如城裡學生，通過打造智能式教育平臺，讓偏遠地區的學生也能接觸海量的信息，開闊自己的視野，提升獨立思考能力和學習能力。「人工智能+教育」的組合不僅惠及農村，更能促進城市教育的良性發展，城市教育水準雖然很高，但教育的效率和組織結構都還有很大的進步空間，探索人工智能與城鄉教育發展，也是為日後的教育改革打下堅實的基礎，也能加速城鄉一體化進程，為中國的社會主義建設培養更多的人才。

　　改革開放 40 年來，中國在綜合國力、人民生活質量水準上有了顯著提高，但在新的發展時期，也出現了不同於原來的社會矛盾，即人民

日益增長的對美好生活的需要,同發展不平衡不充分之間的矛盾。尤其是在社會保險方面,「二胎」政策的開放從側面說明了中國人口紅利逐漸喪失,人口老齡化問題開始凸顯,中國在最近幾年提出的延長退休年齡,實際上就是針對這一問題所提出的解決措施之一。此外中國的社會保障體系覆蓋面仍不夠廣泛,廣大農村地區沒能真正享受到社會保障的政策優惠。因此解決中國的社會保障問題,需要緊緊抓住新時期的社會主要矛盾,依靠生產率提升解決籌資問題,前瞻性地應對新技術變革,加快推進覆蓋全民、城鄉統籌、權責清晰、保障適度、可持續的多層次社保體系,不斷提高保障和改善民生水準。而人工智能技術的不斷推廣,有助於提高中國的生產力水準。

　　首先,基於互聯網雲數據處理系統的社會保障體系,可以利用人工智能來提升內部的運行效率,通過智能化的收集各省(市、區)社會保障支出數據,並加以分析,統籌協調總支出,保證各個地區能夠有效地進行資源配置。此外社會保障支出長期以來在農村地區的覆蓋面不足,一方面是因為中國社會經濟發展不平衡,還存在廣大落後的農村地區,即使在政策的傾斜下,而因為缺乏即時監管,不能保證每一筆支出是真的用在實處,而人工智能社會保障體系的構建可以「360度」監管,清楚地瞭解每一筆資金流的動向,保證社會保障支出落到實處。

　　節流是一方面,開源才是重中之重。社會保障基金能否有效地運行,決定了社會保障的「家底」是否厚實,國家整體生活水準不斷提高,社會有效保障才不會成為一句空談,這也就是習近平總書記提出鄉村振興計劃的主要原因。他深刻地認識到,農村經濟水準的快速發展,可以有效地解決中國社會保障中存在的各類問題,打贏脫貧攻堅戰,也就是社會保障體系中方針政策「托底層、主幹層、補充層」的具體應用。扶貧問題的解決,必須要做到精準扶貧,即強化黨政一把手負總責的責任

制，繼續動員全黨全國全社會力量，堅持大扶貧格局。無論是地方還是中央，無論貧困地區還是發達地區，無論是扶貧專業部門還是各級機關單位，都有責任和義務搞好扶貧工作。二是根據脫貧進展，實行分類指導。經過幾年扶持，通過人工智能大數據的收集工作，部分建檔貧困戶、貧困村甚至貧困縣都將陸續脫貧出列，對他們應「扶上馬送一程」，繼續實行現行扶持政策，把脫貧的基礎搞紮實。對剩下的貧困戶、貧困村、貧困縣，應集中力量打攻堅戰，在這方面也離不開人工智能的應用，特別是網路條件分析模式，將不同致貧情況歸類整理，對症下藥，提出不同的解決模式，這有助於解決區域性貧困問題。此外數據庫的分類整理可以給接下來深層次的致富工作帶來啟示，前事不忘，後事之師。給相關的政策制定者提供參考，從而更能提高決策效率。

前已述及，中國社會主要矛盾已經轉化為人民日益增長的美好生活需要和不平衡不充分的發展之間的矛盾。而中國特色社會主義理論也要求我們實事求是，與時俱進，不斷完善和發展符合中國國情的現代化經濟體系。人工智能技術，作為未來的熱門科技，繼 2017 年 7 月國務院發布《新一代人工智能發展規劃》後，人工智能已寫入黨的十九大報告，國家層面已充分肯定了人工智能的重要性。實際上不僅是中國，眾多發達國家的重要經濟管理層面都出抬了相應的政策，可以說人工智能作為新一輪工業革命的核心技術，將會帶來巨大的經濟效益和社會效益，這已經成了世界各國的共識。

當然，人工智能與不同的社會理論結合，會產生多樣化的成果。在之前，西方的經濟學家就已經把人工智能的範式嘗試並入經濟分析模型中。比如說阿恩茨（Arntz）和弗雷（Frey）等研究認為，人工智能帶來的智能化、自動化以及計算機化的程度加深，將對就業產生替代效應，並將調整就業結構、增加對高技能工人的需求。那麼在分析宏觀環境

時,就要考慮人工智能作為一種新的要素,對經濟發展起著何種作用。

在考察了西方對人工智能促進經濟發展的看法後,再結合中國國情以及馬克思主義政治經濟學理論,我們仍然要清醒地意識到人工智能的本質是促進生產力的提高,同時如何應用到生產關係中去。國內外有部分人認為人工智能會剝奪人們的工作,這實際上是一種反生產力進步的觀點,認為只要維持現有的格局就能保證失業率的低水準。人工智能作為人的產業勞動的產物,是轉化為人的意志駕馭自然界的器官或者說在自然界實現的人的意志的器官的自然物質。它們是人的手創造出來的人腦的器官;是對象化的知識力量。固定資本的發展表明,一般社會知識,已經在多麼大的程度上變成了直接的生產力,從而社會生活過程的條件本身在多麼大的程度上受到一般智力的控制並按照這種智力得到改造。它表明,社會生產力已經在多麼大的程度上,不僅以知識的形式,而且作為社會實踐的直接器官,作為實際生活過程的直接器官生產出來。由此,基於「人的手創造出來的人腦的器官」與「智力的控制」的角度,就不難理解人工智能的本質就是一種可以替代人類腦力勞動的機器。它是進一步協調人類腦力勞動的工具,誠然它替代了一些重複簡單的體力勞動,但同時也創造了需要體力和腦力結合的更高層次的崗位。如數據挖掘師、精算分析師等。

中國目前的經濟發展中,人口勞動紅利已經在逐步喪失,人口老齡化的壓力也在進一步加大,適齡的勞動力持續減少,會導致以往粗放式的經濟發展方式難以為繼。因此,引入人工智能進一步替代人的勞動、彌補勞動力缺口、提高勞動生產率以實現新舊動能轉換,對於建設現代化經濟體系、轉變經濟發展方式、提高經濟發展質量和效益具有重要意義。特別是人工智能作為新工業革命的核心技術,可以給實體經濟發展注入新的活力,推動中國工業化層級的進一步躍升,進而通過智能製

造推動中國製造業向全球價值鏈的中高端邁進。

　　我們以製造業為例,一個國家製造業發展的好壞,直接影響國家經濟的後續發展。現在黨和國家談的供給側改革、產業結構升級,實際上就是強調製造業的變革。從自動化轉化為智能化,通過大數據和人工智能分析,真正整合一個產業的上下游,將蛋糕做大,協調產業鏈上個節點的利益,深化供應鏈發展。各企業通過將人工智能應用到企業供應鏈管理中,有效地節約成本,提高生產效率,快速滿足顧客需求。可以說,人工智能的合理運用可以有效地促進中國產業升級問題的解決。

　　中國特色社會主義理論不是空中樓閣,而是緊密結合中國的具體實踐而形成的科學理論,每一次理論革新,都是同當時社會生產力發展水準相適應的。中國的社會主義經濟要進一步發展,勢必也要結合人工智能技術,而該技術與中國獨特的社會主義實踐相結合時,一定要合理運用,不能生搬硬套國外人工智能技術的成果,而是要在己方獨立實踐調研的基礎上進行分析,並與之進行有機的融合。同時我們要做好應對人工智能帶來的負面衝擊,國家應出抬必要的配套政策措施,在生產關係層面確保人工智能機器對人的替代及收入分配差距拉大不構成制約商品價值實現的障礙,使社會再生產得以持續高效地運行,保障現代化經濟體系建設的順利推進。這也就需要黨和國家繼續推動社會保障改革、就業率提高、收入分配改革等。

第八章　人工智能與勞動力市場

　　當前,全球新一輪科技革命和產業變革蓄勢待發,其中最具潛力、最有活力的人工智能快速發展,智能製造、大數據、物聯網等新興產業蓬勃興起,緩解了用工緊張,催生了大量新就業形態,促進了就業結構優化。與此同時,多數學者對人工智能背景下最可能被取代的職業做出分析預測,其中提及最多的將被替代的工作當屬司機、快遞員、保姆、銀行業務員、電話客服、倉庫管理員等重複性高、規則相對標準化的崗位。

　　從國內企業陸續宣布測試的無人駕駛商業化,到阿里推出的菜鳥小盒與菜鳥包裹快遞塔,再到自動販賣機、無人超市,等等,無不體現出智能化的應用。

　　人工智能真的會導致大規模失業嗎?其實,不盡然。

第一節　人工智能如何影響就業

　　「人工智能」這個概念早在 1956 年便被提出,然而在過去 60 餘年的科技快速發展中,至今人工智能尚未普遍化,但是一系列的科技新聞

早已明確指出,人工智能勢必將進軍到人類的職業領域,從事和人類一樣甚至優於人類的工作。

一、客觀地審視人工智能下的「就業難」問題

社會上出現了這樣一些觀點:「人工智能一定會取代部分人的工作。」但究竟會有多少工作會被取代,不同的研究得出的結論其實有很大的出入,究其原因主要在於這些研究者對未來技術發展水準有不同的估計。如果說智能化水準越高,那麼技術對勞動力的消極影響也將越大。

據牛津大學和花旗銀行聯合報告預測,未來人工智能或機器人對經濟合作發展組織(OECD)國家崗位的平均替代率是57%,印度是69%,中國將有77%的崗位實現自動化。一些大齡、低技能勞動力轉崗就業存在一定的困難。也就是說,未來將可能有多數人面臨失業的尷尬境地。面對這一分析數據,人們的心中已開始恐慌[①]。

事實上,人工智能導致就業機會減少的恐慌並無必要。當下人工智能並未普及化的前提下,近年來的就業壓力也處於持續加大的狀態,中國政府採取多種措施以控制城鎮失業率的急遽上升。截至2017年年底,城鎮登記失業率為3.9%,城鎮登記失業人數為972萬人(見圖8.1)。

由圖8.1可知,儘管中國近年來的城鎮登記失業率處於平穩狀態,但是城鎮登記失業人數呈逐年上升趨勢,這其中還並未涵蓋未進行失業登記的部分人員以及農村人口,足以說明當下的就業形勢仍然嚴峻。換句話說,面對當下的就業情況,就業總量的壓力仍然不小[②]。

---

① 王麗穎.人工智能發展引發的失業恐慌及對中國的啟示[J].互聯網天地,2018(3):23-25.
② 軼名:人工智能「引失業」OR「促就業」?[J].中國就業,2017(4):59.

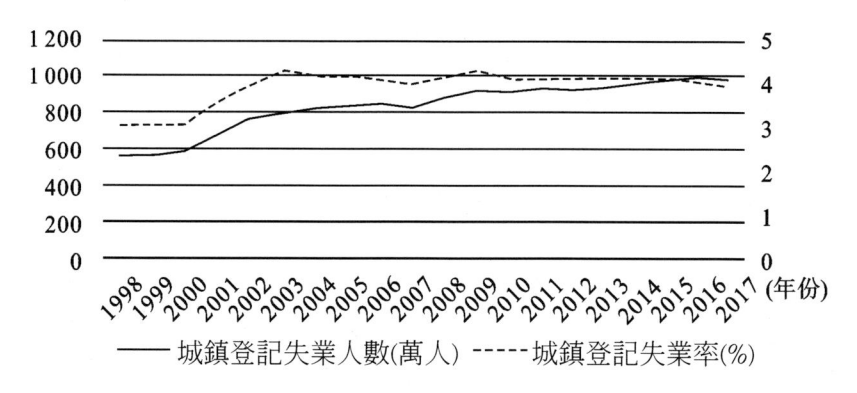

圖 8.1　中國城鎮失業情況統計及趨勢

數據來源：國家統計局。

所以說，在人工智能背景下，我們不應盲目恐慌，而應客觀地看待「就業難」的問題。

我們其實不必過於擔心人工智能造成的就業衝擊[①]。因為社會始終屬於不斷進步發展的狀態，當人工智能普及後，人們若是能很好地掌握這些技術，那麼在相同的崗位下我們將有機會創造更多的價值。此外，總是誇大人工智能衝擊就業的這些人思考得可能較為片面，他們並未認識到在人工智能化時代，人們將會因為全球生產力增長獲得更多的新的工作機會。

而且人工智能對人的替代也不是必然的，人工智能的確有其優勢，但是應客觀理性地看待人工智能的不足。畢竟，人工智能再智能，也有不如我們人類的地方，比如說，情感。

在本書看來，這也是未來服務業將不會被人工智能機器替代的行業，因為我們會本能地去感知一些美好的東西，這種東西存在於大家的禮貌微笑與眼神示意中，我們會因為彼此的幫助而心存感恩，這是一個

---

① 夏建白.不必擔心人工智能對就業的衝擊[N].第一財經日報，2018-09-10(A10).

美好的過程。當然,藝術性的創造也是不可替代的。我們會因為對某種情感的抒發、對某種美好事物的向往而寫下一句話、畫出一幅畫,等等,這些行為不是簡單的寫字畫畫行為,而是我們情感的集中表現,這種情感是人工智能所無法具有的。

人工智能並不是萬能的,也並非在任何場合都適用。相較於人工智能,人類有自己的獨特點,也就是思維,我們總能思考一些不一樣的東西,這就要求我們要進行創新。所以,我們要做的不是總是擔憂人工智能對就業的衝擊,而是不斷開拓自己的思維,多加創新,這樣我們才會走得更遠。

二、人工智能的主要技術特點

就業是民生之本,每一次的新技術革命都將帶動經濟結構和生產方式的轉變,繼而帶來勞動力市場和就業市場的顯著變化。第一次工業革命中,機器代替了人力勞作;第二次工業革命中,內燃機和電力被發明;第三次工業革命使能獨立工作的機器也成為勞動力,「人+機器」的生產模式出現;以「人工智能」為主的第四次工業革命正在進行時,當然也會或多或少地對就業有所影響,主要表現在重複、簡單和程序性的工作將被替代[①]。

事實上,相較於傳統的人類勞動力,人工智能帶來的智能勞動有五個技術特點,主要表現[②]在:

(1)工作穩定,無情感波動。人工智能的工作嚴格按照程序設定,

---

① 劉沛然.淺談人工智能對就業的影響[EB/OL].中國戰略新興產業:1-3[2018-12-13].https://doi.org/10.19474/j.cnki.10-1156/f.007204.

② 郭英楠,殷宗迪.人工智能對社會就業的影響分析[J].信息系統工程,2018(7):111-113.

其內在邏輯判斷均有理有據。

（2）計算能力強。人工智能處理批量數據快，效率遠高於人工，並且通過機器學習技術能夠發掘數據內在規律。

（3）環境適應能力強。

（4）非生命體。目前的人工智能機器還沒有被定義為「生命體」。人工智能機器可以不知疲倦地一直工作，只需對其進行充電。

（5）感知能力受科技水準影響。人工智能的智能化程度受時下的科技水準影響，芯片和傳感器的不斷發展將會推動人工智能發展。

由此，我們最直觀的感受便是，在接下來的智能化發展進程中，傳統產業中簡單重複類的體力和腦力勞動都將最直接受到衝擊，如裝配工人和售貨員等，傳統產業規模會隨著智能經濟的發展受到極大壓縮。但是人工智能的最後一個特點表明，只要人工智能是沒有思想的執行者，那麼人工智能的發展將始終受限於人類思想。

三、正確應對人工智能帶來的就業問題

那麼對於就業受到衝擊的人群來說影響是雙向的，換句話說，這些人一邊被替代工作，一邊將會有更多的休閒時間。這意味著，這群人是在社會的高度自動化狀態下而引起的失業。從另外的角度來講，在科技的輔助下，我們需要花費比以往更少的時間與精力就能確保在其餘人口不工作的情況下，依然維持原先社會在商品與服務方面的供給。在此情況下，我們可以將這種情況稱為「休閒過剩」而非失業[1]。

對於當下的大學生群體來說，只要他們仍然處於不斷學習、不斷創

---

[1] 瑪格麗特·博登.人工智能、失業與創新[J].中國經濟報告,2017(4):115-117.

新的狀態,那麼我們就沒有必要擔心來自人工智能對他們就業的衝擊。畢竟,對於大學生就業問題,人工智能的替代效應受到了以下方面的影響。首先便是人工智能的價格。當下人工智能未普及化的原因也是因為價格昂貴。人工智能的價格越高,越不容易用人工智能來替代勞動力。其次是勞動力的價格不同。勞動力的價格越低,越不容易用人工智能來代替勞動力。中國的大量人口背景下,本身有著低廉的勞動力成本。從中級微觀經濟學的角度來講,在成本最小化背景下,當生產最後一單位產品時,如若人工智能的邊際成本超過勞動力邊際成本,那麼將不會選擇再進行生產;從勞動價值的角度來看,人工智能的應用就是將先進的機器技術投入生產,但是投入的高新技術產品意味著高成本,因此在一些人工成本較低的就業領域,人工智能的衝擊較小,所以我們可簡單理解為那些技術程度極低、勞動價格極低的部分工作可能不會被取代。最後便是人工智能技術的成熟度,人工智能越成熟,其對勞動力的邊際技術替代率越高[1]。事實上,當前的人工智能下,機器人水準還遠遠達不到完全代替人類從事各行各業的程度。

人工智能背景下許多人只看眼前,擔憂自身可能受到就業衝擊,卻未曾從通盤考慮中國的當下背景。中國是一個人口大國,就業是一方面,生產力是另一方面;許多人一直關心著「就業難與難就業」的問題,卻對人口老齡化趨勢下的生產力問題有所忽視(見表8.1)。

---

[1] 薛在興.人工智能對大學生就業的影響[J].中國青年社會科學,2018,37(4):6-10.

表 8.1　　　　　　1998—2017 年中國老齡人口數據及占比

年份	年末總人口 （單位：萬人）	65 歲及以上人口 （單位：萬人）	老年人口占比 （％）
1998	124,761	8,359	6.700,01
1999	125,786	8,679	6.899,814
2000	126,743	8,821	6.959,753
2001	127,627	9,062	7.100,378
2002	128,453	9,377	7.299,946
2003	129,227	9,692	7.499,981
2004	129,988	9,879	7.599,932
2005	130,756	10,068	7.699,838
2006	131,448	10,384	7.899,702
2007	132,129	10,702	8.099,66
2008	132,802	11,023	8.300,327
2009	133,450	11,343	8.499,813
2010	134,091	11,934	8.899,926
2011	134,735	12,261	9.100,085
2012	135,404	12,728	9.400,018
2013	136,072	13,199	9.700,012
2014	136,782	13,815	10.100,01
2015	137,462	14,386	10.465,44
2016	138,271	14,933	10.799,81
2017	139,008	15,847	11.400,06

數據來源：國家統計局

　　作為世界經濟火車頭的中國，現在面臨著越來越嚴重的人口老齡化的問題。截至 2017 年年末，中國 65 週歲及以上人口達 15,847 萬人，占年末總人口的 11.4%，當下中國的老齡化正呈現出加速上升的狀態。

　　社會上的老人會越來越多，在此情況下，生產力慢慢地就會低於消費力，勞動力日趨減少，勞動力成本會越來越高，人口紅利將要消失，解決人口老齡化的問題主要從兩個方面著手，一個是鼓勵生育，「二胎」政

策的實施也正是為了鼓勵多生育,為未來增加年輕人口;二是用科技提高生產力,讓生產自動化且更要智能化,從而減少勞動力的使用。滿足生產力的需要,這就是中國大力發展人工智能的原因之一。人工智能的發展需要和人口老齡化速度相競爭,只有當科技的發展速度趕上人口的老齡化速度,這樣在未來我們的人民才能繼續享受更好的福利和待遇,機器代替人來生產甚至提供勞務是未來的必然趨勢。

那麼在人工智能形成高效率、高生產力的同時,必然排擠出大量的只具有一般技能的勞動者。面對這種技術性失業,完善社會保障制度,建立並健全失業預警機制,在一定程度上減弱失業帶來的社會動蕩與風險是亟待解決的問題之一。因此,應加強對失業人員的扶持以及推動失業保險等社會保障政策,建立針對不同人員的專門化指導,使其在一定程度上對人工智能技術有所掌握,確保低素質勞動力向高素質勞動力轉化。而對於難以掌握的人工智能技術、被人工智能淘汰的勞動者,我們必須通過由人工智能所實現的社會經濟發展的高效益來反哺這群人,比如說,提供一定的福利補貼,但是又要盡量從根本上杜絕讓這些人養成好逸惡勞的惡習,因此可創造大量公益工作崗位讓他們繼續工作[1],讓這群人依然可認識到他們是通過自己的勞動獲得的福利補貼,沒有勞動就沒有補貼。此外,應完善人工智能狀態下的社會保障制度,是實現社會良好健康發展的必要舉措。

人們不應過於悲觀地看待人工智能對人類就業產生的衝擊,而應客觀看待當下的人工智能。在中國的大量人口背景下,本身是有著低廉的勞動力成本,在人工智能普遍化之前,高昂的機器人價格會使其在市場運用中大為受限。

---

[1] 蔣南平,鄔宇.人工智能與中國勞動力供給側結構性改革[J].四川大學學報(哲學社會科學版),2018(1):130-138.

此外，社會是隨著智能經濟和智能勞動的動態發展而不斷發展的。在短期內，各行各業仍然會有許多的工作計劃。從長遠來看，人工智能可以通過規模效應而增加就業，即使大部分的日常工作可以被人工智能取代，但未來仍會有許多與創新有關的工作機會屬於人類。因為人工智能被稱之為「第四次工業革命」，有望其極大地提高勞動生產率和促進經濟發展。那麼隨著經濟總量的擴大，市場對勞動力的需求就會增加。畢竟，人工智能的最終目的是讓生產變得更有效率，而不是取代人類。

人工智能不是萬能的，並非在任何場合都適用。在本書看來，人工智能更多的代表一種創新。這種創新會讓過時的工作消失，但同時也提高了效率，並降低了商品和服務的價格。以自動駕駛汽車為例，不少司機因此面臨暫時的失業，這固然是不幸的，但運輸價格的下降以及由於醉駕、酒駕等不安全駕駛行為造成的交通安全事故的減少，將是其他許多人的福音。

人工智能不可避免地已成為社會發展的需要，為此，我們應該積極擺正心態，勇於接納，調整自身定位，迎接新挑戰。

第二節　人工智能與新時代就業效應

人工智能的發展對促進經濟社會的發展和重構國家競爭格局具有重要作用[1]。在當今世界，人工智能的崛起與發展引起了國際社會的廣泛關注，許多國家紛紛把發展人工智能作為國家發展的重要戰略，例如

---

[1] 劉湘麗.第四次工業革命的機遇與挑戰[OL].http://kns.cnki.net/kcms/detail/65.1039.G4.20,180621.1654.006.html,2018-06-21.

美國、德國、日本、英國、韓國和中國等。人工智能是繼蒸汽技術、電力技術、信息技術後的又一次科技變革,被稱為第四次工業革命或第四次科技變革[①]。前三次工業革命每次都重構了世界經濟格局,相信在不久的將來,第四次工業革命也必將重塑世界經濟格局。

人工智能雖然對經濟社會發展有巨大的促進作用,但同時也帶來了對就業的影響。特別是自2008年全球性經濟危機爆發後世界經濟發展放緩,許多國家承受著失業率持續高企的壓力,又值人工智能的蓬勃發展,導致對「機器替代人」的恐慌與焦慮,不少人對就業形勢持悲觀態度。然而,技術進步是增加就業還是增加失業,學術界存在不同的觀點。技術進步既會產生就業替代效應,使失業增加,也會產生就業補償效應,或稱就業創造效應,使就業增加。當就業替代效應大於就業創新效應時,總效應為增加失業;當就業創造效應大於就業替代效應時,總效應為增加就業;當兩者相等時總效應為既不增加就業也不減少就業。

本節主要對人工智能的國際趨勢進行了分析,並闡述了當前中國人工智能發展的現狀及其對就業的影響,在此基礎上提出應對人工智能發展影響中國就業的對策建議。只有充分瞭解人工智能的發展狀況,並採取積極有效的對策措施,削弱人工智能的就業替代效應,放大其就業創造效應,防範其就業社會風險,促進中國人工智能等新技術的健康發展,提高其國際競爭力,才能使中國在第四次工業革命重塑世界經濟格局中引領世界發展潮流。

一、中國人工智能發展的國際比較

首先通過中國人工智能發展的國際比較來闡述中國人工智能發展

---

① AGHION P,HOWITT P.Growth and unemployment[J].Review of Economic Studies,1994,61(3):477-494.

的現狀,然後闡述人工智能對就業的影響,包括人工智能對就業的替代效應以及創造效應。

中國十分重視人工智能的開發應用,並已取得了積極的成效。2017年提交給大型人工智能國際會議的論文,50%來自中國,而在10年前,只有5%來自中國。2017年中國的人工智能初創公司在全球人工智能領域的融資中,所占的比例達到驚人的48%,遠遠高於2016年的11%。中國在數據開發利用方面取得了積極成果,這主要得益於中國人口數量上的優勢,因為人口越多,產生的數據量就越大,人工智能應用的前景也越廣闊。

雖然中國在人工智能開發利用方面發展迅速,取得了一些成就,但在基礎研究、芯片研發等方面與美歐等人工智能發達國家相比還有一定的差距。在科研方面,雖然中國發表的人工智能論文數量巨大,但從google scolar F的引用數據來看,北美和歐洲的科研人員依舊是人工智能學術界最有影響力的。就基礎研究的人才結構而言,美國仍領先於中國。領英數據顯示,美國人工智能基礎層、技術層和應用層的人才數量占比分別為22.7%、37.4%和39.9%,而中國為3.3%、34.9%和61.8%。美國擁有歷史悠久的人工智能人才培養體系,涉及數學、統計、機器學習、數據挖掘和機器人等多個細分領域,而中國只在幾年前才開始建構培訓體系。在芯片研發及其相關的半導體產品生產方面,中國依然與美國等發達國家存在較大的差距,一些核心芯片還需要進口,中國每年進口的芯片及相關的半導體產品達2,600億美元,已經超過石油方面的支出。在人工智能產業中至關重要的半導體生產上,中國大陸的研究、生產能力還十分薄弱,產業規模不僅只有美國的1/9,和韓國相比也有著相當大的差距。

目前,中國人工智能的發展處於成長期,對就業的替代效應有限①。人工智能機器人在中國乃至全球製造業裝機數量快速提高的驅動力主要有三個方面的原因②:一是人類勞動無法滿足產品製造的高精度、高硬度和低成本要求,譬如芯片製造;二是勞動強度較大、生產條件較差、生產環境較惡劣,譬如煤炭挖掘、礦山開採等;三是勞動成本較高、具有重複性且較枯燥的操作性工作,譬如鋼鐵煉製、售票檢票、安檢、銀行前臺服務等。目前上述三個方面的工作最容易被人工智能替代,但對中國就業的影響有限。人工智能目前處於弱人工智能發展階段,人工智能在單領域的某些方面的能力超過了人類,在單項功能的應用方面人工智能有廣闊的前景,隨著人工智能製造技術不斷地走向成熟,其價格也會逐漸降低,高風險、高人工成本、高重複性的就業崗位可能最先被人工智能替代。業界普遍認為,人工智能對一些常規性、程序性的工作衝擊較大③。

二、中國人工智能對就業的創造效應

(1)人工智能新興產業將開闢龐大的新就業空間④。人工智能改變經濟的第一個模式就是通過新的技術創造新的產品,實現新的功能,帶動市場新的消費需求,從而直接創造一批新興產業。中國電子學會研究認為,每生產一臺機器人至少可以帶動4類勞動崗位,比如機器人

---

① 王君,張於喆,張義博,等.人工智能給就業帶來挑戰[N].社會科學報,2017-08-17(002).
② 張茉楠.新工業革命衝擊全球勞動力市場[N].上海證券報,2016-07-27(009).
③ 程承坪,彭歡.人工智能影響就業的機理及中國對策[J].中國軟科學,2018(10):62-70.
④ 李修全.多維度分析人工智能對就業的主要影響[J].全球科技經濟瞭望,2018(5):12-15.

的研發、生產、配套服務以及品質管理、銷售等崗位①。

(2)增加新的數據服務類工作崗位需求。當前人工智能發展以大數據驅動為主流模式,在傳統行業智能化升級過程中,伴隨著大量智能化項目的落地應用,不僅需要大量數據科學家、算法工程師等崗位,而且由於數據處理環節仍需要大量人工操作,因此對數據清洗、數據標定、數據整合等普通數據處理人員的需求也將大幅增加。

(3)將帶動智能化產業鏈就業崗位線性增長。智能化是信息技術發展的綜合集成和集中體現,智能化產業應用需要基於數字化、網路化時代的信息技術成果,並融合物聯網、大數據、並行計算等一大批新一代信息技術的發展。同時,人工智能所引領的智能化大發展,也必將帶動各相關產業鏈發展,打開上下游就業市場。

(4)高端服務行業崗位需求將會增加。隨著物質產品的豐富和人民生活質量的提升,人們對高質量服務和精神消費產品的需求將不斷擴大。對高端個性化服務的需求逐漸上升,將會創造大量新的服務業就業。麥肯錫認為,到 2030 年,高水準教育和醫療的發展會在全球創造 5,000 萬~8,000 萬個新增工作崗位②。

(5)產業模式創新將會創造一批新的工作崗位。在大量智能化設施和智能技術應用發展起來之後,會創造新的產業模式和經濟形態,通過調整教育培訓體系提高勞動力質量,也將培育發展起規模可觀的新就業崗位。比如,共享單車平臺將摩的司機等就業受衝擊人員組織起來,承擔共享單車的轉運調配等工作,使其重新就業,並創造了大量維

---

① 王碩.人工智能發展會誕生更多新的崗位[EB/OL].(2017-03-06)[2018-04-25].http://www.rmzxb.com.cn/c/2017-03-06/1390129.shtml.

② JAMES M,SUSAN L,MICHAEL C, et al.Jobs Lost,Jobs Gained:Workforce Transitions in A Time of Automation[R].New York:Mckinsey Global Institute,2017.

修、管理人員新崗位。

三、應對人工智能的挑戰,選擇有效的應對措施

為應對人工智能的挑戰,選擇有效的應對措施和探索與之適應的路徑,提高其就業的創造效應。

(一)深化科研體制改革,放大人工智能的就業創造效應

理性選擇人工智能發展路徑和戰略,理性定位人工智能發展目標,鼓勵高等教育機構圍繞人工智能的發展設置相應專業。加大人工智能基礎教育和基礎科研的支持力度,加強培養該方面的領軍人才、基礎科研人才、中高端技術人才及其相關人才。重視貫通人工智能基礎理論、軟硬件技術、市場產品及垂直領域應用的縱向跨界人才的培養,以及兼顧人工智能與經濟、社會和法律等橫向跨界人才的培養,注重培養各類人工智能複合型人才。

(二)加強職業技能培訓,削弱人工智能的就業替代效應

深化職業技術教育體制改革,找準未來人工智能就業方向,開展職業技能培訓,加大培訓投資力度,完善職業技能培訓體制機制,提高職業技能培訓質量。同時,應完善失業人員再就業扶持政策,鼓勵失業人員轉崗培訓和繼續教育。通過上述措施,削弱人工智能的就業替代效應。

(三)完善人工智能高端人才使用 制, 造有利於中 就 的 空

建立有利於人工智能新技術、新業態的創造型、創新型人才脫穎而出的人才選拔機制和使用機制。要擇天下英才而用之,在全球開放式創新網路趨勢下,促進國際人工智能高端人才加速向中國流動和聚集,打造全球性國際人工智能人才網路體系,促進人工智能新興產業和新

型業態的生成,打造吸納人工智能高端人才就業的高地。通過人工智能高端人才引領人工智能的發展,創造有利於中國就業的國際空間。

(四)促　人工智能等新　　　的快速　展,使其　造更多的就　位

鼓勵自主研發人工智能,不鼓勵引進國外原產的人工智能等整機產品和成套技術,鼓勵在引進技術基礎上開發具有自主知識產權的核心技術,提升中國人工智能產業的核心競爭力[①]。通過一系列有效的政策措施加速中國人工智能等新興產業的發展,提高其就業創造效應。

(五)鼓勵創新創業,促進多種形式的就業

我們不但要創造更多的與人工智能等新興產業相關的就業,還要創造其他方面的就業崗位以滿足不同就業群體的就業習慣和就業需求,也有利於削弱由人工智能發展帶來的就業極化現象。因此,應加緊落實 2015 年 6 月國務院下發的《關於大力推進大眾創業萬眾創新若干政策措施的意見》,形成大眾創業萬眾創新的局面,消化轉崗就業、吸納新增就業。

(六)提高就業公共服務水準,完善社會保障制度

充分利用大數據,構建完善的全國就業信息監測平臺,針對重點地區、重點人群、重點崗位的就業動態變化情況即時監測,定期或不定期地發布就業狀況信息,提供就業預警、預報和預測,促進就業[②]。

及時修改並完善社會保障制度,為應對人工智能快速發展可能帶來的就業社會問題保駕護航。以人工智能、共享經濟、互聯網技術及其相關產業為代表的工業革命,使就業形式愈發呈現分散化、多樣化、流

---

① 王君,張於喆,張文博,等.人工智能等新技術進步影響就業的機理與對策[J].宏觀經濟研究,2017(10):169-181.
② 鮑春雷.人工智能對就業的影響[J].勞動保障世界,2018(4):58.

動化、非正規化的靈活就業特徵。但現有相關法律法規缺乏對靈活就業明晰的規範和界定，導致從業者無法獲得有效的法律保護，在社會保障和社會福利等方面與正規就業者存在差距。新技術的迅猛發展，可能帶來潛在的大規模失業風險，需要建立完善的社會保障制度和失業扶持政策加以兜底，避免由失業可能帶來的社會風險和貧富差距擴大引致的社會問題。

人工智能技術發展存在多層次性和階段性特徵，人工智能對就業的替代將是一個逐步推進的過程，大範圍替代不會集中發生。同時，隨著人工智能技術創新的逐步深化，也將創造一些生產領域和就業崗位。儘管如此，應積極應對人工智能新技術應用對就業帶來的中短期或局部挑戰，制定有針對性的措施，緩衝人工智能對就業帶來的負面影響。

第三節　人工智能對中國未來勞動力市場的影響分析

人工智能發展的浪潮席捲而來，正在改變人類既有的生產和生活方式。新產品、新模式甚至新思想不斷湧現，給經濟社會轉型升級和進一步發展創造了難得的機遇。以人工智能為核心的新一輪信息技術發展正在成為全球範圍內傳統行業轉型升級的重要驅動力。

從蒸汽機到電力，從計算機到人工智能，每一次技術的革命性突破和落地，都會掀起一場驚濤駭浪般的產業革命，從而開啓一個嶄新的時代。而與歷次技術進步一樣，人工智能在解放生產力、推動經濟增長的同時，也會帶來一系列的挑戰，包括近年來的就業替代問題、未來教育乃至社會平等諸多需要面對的問題。人工智能的發展將極大地推動知識經濟的形成。進入知識經濟時代，信息、數據和知識在經濟中越來越

占據主要地位。研究表明,隨著人工智能的推廣應用,數以百萬計的工作崗位可能會被替代或受到嚴重衝擊;同時,也會有數以百萬計的新的工作崗位被創造出來。在這一過程中,如果勞動者技能不能轉換和提升,不能適應新的崗位要求,中國不僅不能獲得技術進步的好處,還有可能面臨就業不充分、分配結構惡化等社會問題。

科學技術發展歸根究柢是為了造福人類,如果不能夠滿足社會全體成員共同發展的需求,技術進步便失去了本質意義。因此,在發揮人工智能的潛力,使之服務於人的同時,也該探究人工智能對就業的影響機制,以提前做好準備,應對人力資源市場可能發生的系統性和顛覆性變化。

一、人工智能產業

人工智能是由人創造的具有自然生物智能特徵的系統,具有一定的感知、認知、記憶、分析、判斷和行為的能力。

人工智能有別於生物智能和人類智能。人工智能和生物智能的形成機制不同,前者是根據人的需求被設計和創造出來的,後者則是自然界漫長進化過程中逐步通過遺傳和學習形成的。人工智能有別於人類智能,後者特指人類這一生物體所具有的智能,限定在人體內。但人工智能可以學習和獲得人和其他生物的智能,其感知、認知、記憶、分析、判斷和行為的方式可以顯著區別於和超越人類智能。

當前的人工智能在特定領域雖然具備了強大的功能,仍屬於弱人工智能的範疇,離超級人工智能還有很大的距離。社會對人工智能的認知和理解要擺脫科幻小說和影視作品的戲劇化設定,理性客觀地看待人工智能的長處和短板。得益於算法的突破、計算能力的大幅度提高以及數據可獲得性的極大改善,第三波人工智能熱潮正席捲全球。

和前兩次不同,在這一波人工智能熱潮中,人工智能的技術已經開始廣泛地滲入和應用於諸多領域,包括社交媒體、搜索引擎、工業自動化、電子商務平臺、交通出行和物流、安防、醫療和教育等,展現出巨大的市場潛力。

中國是人工智能領域的後來者。在過去數十年裡,包括美國在內的發達國家在相關技術和產業應用上已經有了數十年的雄厚累積。近年來,雖然中國的追趕速度很快,發展潛力巨大,在特定領域也累積了一定的優勢,但總體上仍和美國為代表的發達國家存在巨大差距。正如國務院發布的《新一代人工智能發展規劃的通知》所指出的,「中國人工智能整體發展水準與發達國家相比仍存在差距,缺少重大原創成果,在基礎理論、核心算法以及關鍵設備、高端芯片、重大產品與系統、基礎材料、元器件、軟件與接口等方面差距較大」,這一判斷是十分準確和客觀的。

近年來,中國在人工智能領域密集出抬相關政策,更在 2017 年、2018 年連續兩年的政府工作報告中提到人工智能,可以看出在世界主要大國紛紛在人工智能領域出抬國家戰略,搶占人工智能時代制高點的環境下,中國政府把人工智能上升到國家戰略的決心。

中國在人工智能領域追趕迅速,在一些領域已經累積了一定的發展基礎,並已進入國際領先者的行列。與發達國家相比,中國人工智能整體發展水準還存在很大的差距。目前中國在人工智能的研究論文、專利申請和授權增量上已經居世界前列,但研究論文的質量、影響力和專利質量還有待提高。在人工智能領域,中國高等院校、研究機構和企業的研究實力、資金投入以及傑出人才培養上,與美國、歐洲相比也存在較大的差距。得益於互聯網的普及、國際人才流動、市場規模以及整體研發水準的提升,中國在雲計算、模式識別、機器學習的研發追趕較

快,在產業化應用上已有部分企業居於世界前列。中國人工智能產業在基礎層、技術層以及應用層都有廣泛佈局。

《中國人工智能發展報告2018》的統計顯示,截至2018年6月,全球人工智能企業數達到4,925家,其中美國2,028家居第一,中國1,011家居第二,約為美國的一半。在全球人工智能企業最多的20個城市中,美國占了9個,中國有4個城市入圍。北京以395家居全球第一,此外還有上海、深圳、杭州的人工智能企業數也進入全球20強城市之列。從技術佈局看,中國企業較多佈局於語音和視覺相關的技術,在自然語言處理和基礎硬件上占比偏少;從行業佈局看,中國企業主要集中在應用層,集中於終端產品,在AI垂直領域(AI+)的比例偏低。

二、人工智能影響就業的機制及對策

人工智能對就業以及社會公平的影響是全球性的公共政策議題。從歷史上看,在過去的實物經濟中,歷次技術變革基本遵循了「技術進步──生產力提升──需求的擴展和複雜化──生產的專業化分工──更多就業機會」這樣一個邏輯路線。人工智能的發展將極大地推動知識經濟的形成。理解人工智能對就業和社會公平的影響,需要研究知識經濟的特徵。一方面,進入知識經濟時代,資源結構、成本結構、市場結構、經濟結構、貿易結構、就業結構和分配結構將發生很大變化,信息、數據和知識在經濟中越來越占據主要地位,在這些領域具有優勢的企業將比傳統企業更快獲得市場地位,這有可能導致社會分配結構的惡化。但另一方面,人工智能釋放的生產力和專業化分工的細化,也提供了新的就業機會以及公平再分配的可能性,關鍵在於是否能夠平穩地實現就業形態的轉變以及再分配政策的設計。

(一)弱化勞動力與生產資料的結合關係

馬克思主義唯物史觀認為,生產力是人類社會最為活躍的元素,生產力躍升改變了勞動力與生產資料的結合方式,通過重塑生產方式,進而改變生產關係,推動更為先進的生產資料所有制和收入分配制度的形成。勞動力與生產資料的結合是人類進行生產活動的前提,這種結合包含人和物兩種因素。

在資本主義工業革命前,小農經濟和家庭作坊式的生產目的是滿足勞動者生存和交換的需求,勞動力和生產資料同屬於一個主體,二者是直接結合的關係;工業化之後,產業工人喪失生產資料所有權,勞動力和生產資料是在資本聯繫下間接結合的,「工人對自己的勞動的產品的關係就是對一個異己的對象的關係」。這兩種不同物質條件下的生產模式都有一個共同的特徵,那就是在生產力水準沒有突破一定限度之前,工人生產的過程都是與一種客觀實在的物質性的勞動資料結合的方式來完成,生產的直接結果皆為最終產品或者最終產品的零部件。

而人工智能等新科技革命弱化了生產過程中勞動者與傳統生產資料不可分割的關係。

在智能化生產模式中,最終產品或者零部件都由機器直接生產。資本「提高勞動生產力和最大限度否定必要勞動」的傾向使機器設備的技術水準不斷提升,原先必須由人工從事的工作,現在都可以通過射頻技術、GPS等高科技設備實現全方位的生產過程無人化。機器設備完全取代了產品製造過程中的活勞動,並越來越成為生產活動中一個獨立且完整的流程,工人生產的結果不直接是最終產品或零部件,而是更多地通過知識技能、管理手段等非物質因素間接地將勞動力價值轉移到最終產品中。因此,新型生產方式弱化了勞動者與傳統生產資料(生產過程中機器設備、物料等)不可分割的關係。

(二) 歷史視角下的技術進步、專業化分工與就業

技術變革會帶來熊彼特所說的創造性破壞，對就業的影響也是如此。如同過去的技術革命一樣，人工智能的普遍應用一方面會導致大量就業崗位被替代甚至消失，另一方面也會催生新的崗位需求和就業機會。

就業是指人所從事的可以獲得經濟回報的活動。工業革命帶來的技術進步，極大地提升了社會的生產力水準，使農業和非農產業都得到了快速的發展。在率先實現工業化的社會，經濟的發展使越來越多的人有條件追求溫飽以外的需求，社會需求的結構不斷複雜化，需求的總體規模也大幅度地擴展，相應的產品供給體系也發生了深刻的調整。

而高技術含量的人工智能生產模式將對傳統的製造業就業結構產生深刻影響。在勞動力需求層面上，工廠自動化、智能化程度的提升將加速產品製造流程中的用工減少趨勢，同時，企業對於某些非製造流程諸如設備維護、市場管理、技術研發等部門的用人需求卻在不斷增加。在勞動力供給層面上，勞動者的就業選擇與勞動形式也在發生轉變，以適應用工市場與作業流程的需求，從事管理工作或腦力勞動的工人數量相比於以往有較大增加，而從事簡單體力勞動的工人數量卻持續減少，即產生所謂「工人白領化」現象。

(三) 人工智能的就業替代與就業創造

目前對「人工智能革命」就業影響的估計還存在很大差異，部分學者認為，同歷史上的各次技術革命一樣，人工智能在長期將會創造出足夠多的新崗位以代替被其摧毀的崗位，也有人預測某些工種會整體消失，而並不會有同等規模的新工作崗位填補回來。

人工智能的就業替代作用本質上是在對每個崗位中的某些任務模塊進行替代。當某一崗位內創造核心價值的任務模塊為人工智能可取代的任務模塊時，該崗位就是可被削減的崗位，原有員工可轉為監督管

理職責的其他崗位。

人工智能的就業創造作用可以分為擴大需求和創造崗位兩種。在擴大需求方面,人工智能產業發展直接帶來了對專業數字技術人才需求量的增長。在創造崗位方面,人工智能的發展能夠極大地刺激新興創新市場活力,催生出很多就業的新模式、新業態。

在現實社會中,對企業來說,是否需要減少崗位和增加崗位,不只考慮技術可行性,還要考慮到經濟可行性。對整個社會來說,真正的問題不在於就業是否增加或減少,而是就業增加或減少以多大的規模和多快的速度發生,以及是否有可能幫助新老勞動者們掌握人工智能時代所需的勞動技能,讓就業結構完成順利的轉換。

(四)對人工智能的就業創造的政策建議

基於前述的分析和討論,對中國未來更好地利用「人工智能紅利」,同時預防就業替代問題,增加就業創造提出了如下政策建議:

(1)做好人工智能知識的普及。針對人工智能的擬人化和戲劇化的想像,會導致社會對人工智能的認知隔膜。人工智能發展趨勢不可阻擋,社會越早瞭解人工智能的特點和應用領域,瞭解其潛力、短板和發展趨勢,建立起正確的認知,就越有可能早日接受和利用人工智能,並對可能會產生的變化提前做好應對。

(2)多層次有重點地支持人工智能的研發和產業化。我們要充分認識中國與歐、美、日發達國家和地區在人工智能發展上的差距,加大對人工智能相關基礎層和技術層軟硬件的研發投入,提高核心技術的自主性。不斷優化有利於創新發展的營商環境,積極推動研究成果的產業化。充分發揮好中國市場規模大、增長迅速的優勢,在此基礎上不斷向產業鏈前端突破。

(3)要優先將教育資源投入到人的能力發展。要避免人工智能廣

泛應用可能會造成的大規模失業以及經濟社會不平等的惡化,當前公共資源要將投資於人放在首位。政府應該加大對各級教育領域的投入,並將促進城鄉和地區教育公平作為首要任務,其中,特別要盡早投資於農村貧困地區的學前教育和早期養育,鼓勵教育部門和社會力量創新農村教育和養育的服務供給模式,提高質量,降低成本。要特別重視利用人工智能推進城鄉、地區以及社會群體之間教育公平,讓人工智能變得人人可及。

(4)完善終生學習體系,建立高質量的職業培訓體系。政府應該採取有效政策或措施,完善現有勞動力的再教育及培訓體系,為勞動力技能和業務的調整創造培訓和學習機會,從而維持國家的競爭優勢。將職業培訓納入終生學習體系,為已進入勞動力市場的人口提供持續、有質量的職業培訓。加強職業培訓體系與普通教育體制之間的銜接,公共和私營部門應共同參與基於工作的學習和教育培訓體系的設計,鼓勵企業在內部加大對在崗學習和技能提升的投入,將之作為引導企業履行社會責任的重要組成部分。加強政府與職業培訓機構的合作,完善職業技能的評估認證體系,要通過人工智能技術實現數字認證,提高培訓質量標準。應鼓勵相關部門讓人工智能技術滲透到職業培訓領域,支持人工智能技術在職業培訓領域的開發與應用,並借助其監管職業培訓的安全性和可控性。

(5)完善新產業形態下的就業統計和相關研究。人工智能的普遍應用,將打破現有就業崗位中的職業技能以及時間、空間的組合,一些傳統定義的「正規」就業形態將越來越具有「非正規」的特點,表現為工作內容、生活方式、勞動投入時間、工作地點選擇上的靈活性。社會需要更新對於就業的認知,公共部門的就業支持政策、稅收政策、社會保障政策也需要適應這一變化。

第四節　正確審視人工智能下的勞動力市場

人工智能的出現,帶動了世界經濟產業的發展,尤其是在中國,人工智能在經濟發展中的應用已經為整個經濟產業帶來了很多的經濟效益。2016年3月,AlphaGo計算機程序輕取圍棋九段棋手李世石,這一里程碑事件向世界證明,機器可以像人類一樣思考,甚至比人類做得更好。2017年7月8日,國務院發布《新一代人工智能發展規劃》中明確指出,人工智能的迅速發展給人類社會帶來的改變是深刻的、革命性的。而麥肯錫全球研究院2018年年初發布的一份報告指出,預測中國約有一半的工作內容將有被自動化的可能[1]。也就是說,中國的勞動年齡人口最早將在2024年達到峰值,並在之後的50年中減少至1/5。因此,人工智能是否真的會使中國的就業率大幅度下降一時間也成了學者們的研究熱點。

人工智能,總體來講就是將人的思維、技術與智能相結合,讓這種方式與人的行為、思維和人工技術相類似,將人類的思維轉化為機器思維,再利用這種人工智能的機器思維推動各領域的發展[2]。人工智能的應用領域很廣泛,這些應用領域也在不斷地擴大,將會涉及計算機科學、心理學、哲學和語言學等學科,並且在今後還會不斷延伸和拓展。

隨著科學技術的日新月異,人工智能已經不算是新鮮名詞,人工智

---

[1] 麥肯錫:如果再不轉型人工智能,這些行業將被越甩越遠[J].中國機電工業,2017(9):40-43.

[2] 王冰琦.人工智能對會計人才的影響與對策研究[EB/OL].現代行銷(下旬刊),2018(12):185-187[2018-12-15].

能的應用領域包括問題求解、自然語言處理、人工智能方法和程序語言,等等,這些應用領域已經適用到了很多行業,例如出現了可以模擬人類思維模式、操作習慣的機器產品,能夠幫助人類完成記憶、運算、比對、篩選等日常工作等,通過人工智能在社會生活、工作、學習等各方面的應用進而推動了社會科學的總體發展。

目前市場上的人工智能可稱弱人工智能或專用人工智能,是為了識別人臉而訓練出面向識別人臉的神經網路,為了識別語音、做機器翻譯而專門訓練的網路,儘管在諸多領域還未涉及或應用並不成熟,但是其與產業融合、協同發展的趨勢是不可否定的。例如在電力領域,狀態檢修、智能故障定位、智能風險分析和智能管理均為其代表,而基於動態粒子群算法的負荷變化配電網重構、基於改進蟻群算法的智能配電網自愈控制也是人工智能在電力領域的應用典型,電力系統的安全穩定運行、相關發展也均由此得到了較好保障;在氣象領域,氣象預報方法、氣象業務的人工智能技術應用也日漸廣泛,如短臨預報中基於雷達、衛星圖像深度學習實現的對流信息和災害性天氣準確預報等[1]。因此,從經濟發展的角度來看,人工智能已經成為推動中國經濟社會發展的新動力。人工智能已成為新一輪產業革命的核心驅動力,作為全球下一輪科技革命與產業革命的關鍵領域,它對整個世界的經濟發展具有重大意義。

隨著人工智能的不斷發展,三大產業中的自動化和標準化水準不斷提高,這就意味著在人工智能與其他產業逐漸融合以後,有相當一部分的工作崗位將會被裁掉。毋庸置疑,人工智能確實使部分企業的生產方式、生產流程發生了巨大的改變,部分崗位被機器人替代,例如無

---

[1] 彭婷婷.人工智能最近有點「熱」[J].中國商界,2018(12):51.

人超市、無人酒店、自動快遞,等等。然而,無論是第一次工業革命,還是第二次、第三次工業革命,都會帶來一定的「破壞性效應」,即部分勞動者的就業崗位被替代①。

回顧人類發展史上的每一次技術變革,可以發現,技術進步雖然會淘汰一些市場上現有的崗位,但是也有創造崗位的功能。因此,人工智能的出現雖然會打破以往的工作模式,但是不可否認的是,新技術會促進新行業、新部門、新崗位的出現,並創造出新的就業機會②。隨著中國人工智能的不斷發展,大數據研究、雲計算、數據挖掘、機器學習等領域的工作機會和崗位不斷增加,因此市場上對具有數學、語文、IT 等方面知識和技能的人才以及擅長抽象思維、創造性任務、解決問題的人才將有很大的需求量③,並且這些崗位的薪水都十分可觀,這也刺激產生大量的新的工作機會。

麥肯錫全球研究院新出的報告預測,到 2030 年,企業對軟件編程和數據分析等技術技能的人才需求將會增加,但擁有這些技能的工人數量增長速度不足以滿足工作數量的需求,換言之,人才供給不足和人才素質不高等現實問題已經成了制約人工智能快速發展的瓶頸。由於人工智能技術的發展,很多企業的崗位急需專業知識和技術能力強的人才,因此,造成了中國就業門檻逐漸提高,而中國現有的培養模式中,高校在培養人工智能領域人才方面的輸出能力嚴重不足,企業的人工智能人才隊伍大多依靠自身培養,人才缺口較大。

---

① 彭婷婷.人工智能商業化落地只是雷聲大雨點小?[J].中國商界,2018(12):52-55.
② 郭蕊.人工智能等新技術發展對就業和收入分配的影響研究[J].經貿實踐,2018(23):67-68.
③ 徐曄.從「人工智能教育」走向「教育人工智能」的路徑探究[EB/OL].中國電化教育,2018(12):81-87[2018-12-15].

目前中國的人工智能發展對就業並沒有產生較大的技術極化現象,但就業的空間極化現象已經顯現,人工智能發達的區域新增就業遠遠大於人工智能不發達的地區①。根據世界銀行於2016年發布的部分國家因人工智能引起的就業技術極化指數的預測報告,可以預測中國的一些情況,即隨著人工智能由成長期發展到成熟期,中國就業技術極化和空間極化現象都會加劇,就業替代效應和就業創造效應都會充分展現出來,人工智能的就業創造效應會大於就業替代效應②。但由於中國勞動力數量大、勞動者平均素質不高,因而就業替代效應及其可能帶來的負面影響也不可忽視,需要盡早尋求對策措施。

一、促進人工智能等新興產業快速發展,創造就業機會

想要擴大就業規模、增加就業機會、保持強勁的經濟增長勢頭,就必須要擴大人才崗位需求。政府在鼓勵商業投資和創新之時,應該要加大與人工智能等新技術融合發展的基礎設施、產業轉型、能源投資等方面的資源投入力度,創造出更多新的工作崗位,以擴大就業規模③。同時應鼓勵自主研發人工智能技術,不鼓勵引進國外原產的人工智能等整機產品和成套技術,鼓勵在引進技術基礎上開發具有自主知識產權的核心技術,提升中國人工智能產業的核心競爭力。

---

① 呂榮杰,郝力曉.人工智能等技術對勞動力市場的影響效應研究[J].工業技術經濟,2018,37(12):131-137.

② 郭蕊.人工智能等新技術發展對就業和收入分配的影響研究[J].經貿實踐,2018(23):67-68.

③ 劉沛然.淺談人工智能對就業的影響[EB/OL].中國戰略新興產業:1-3[2018-12-15].https://doi.org/10.19474/j.cnki.10-1156/f.007204.

二、加強職業技能培訓力度,削弱人工智能就業的替代效應

人工智能的出現,將傳統的重複性高的工作用智能機器進行替代,而對那些需要創造性和思維活動的工作崗位的需求反而增大[①],因此,一些高等職業技術院校應深化教育體制改革,找準未來人工智能的就業方向,開展職業技能培訓,加大培訓投資力度,提高職業技能培訓的質量。同時政府應該完善失業人員再就業扶持政策,鼓勵失業人員轉崗培訓和繼續教育,以此削弱人工智能的就業替代效應[②]。此外,企業應該為員工提供完善的就業和再就業培訓,結合企業自身對人工智能等新技術研發的人才需求,科學定位員工知識和技能培訓的重點,制訂自身階段性的人才培養計劃。通過上述措施,削弱中國人工智能的就業替代效應和就業技術極化現象。

三、完善政策制度,保障工人收入

對於已經就業或準備再就業的工人,可以為其提供收入支持或其他形式的過渡性扶持,幫助其擁有更穩定的收入,這樣既可以使從業者積極主動地投入到本職工作,也可以幫助失業工人重拾就業信心。因此,政府及有關部門應該加緊制定與就業收入分配保障相關的政策措施,推進失業保險、公共支援等配套福利,以支持總需求並確保社會公平[③]。

雖然在我們人類漫長的歷史發展進程中,每一次技術進步都會破

---

① 李璇,王科,餘萬.人工智能的應用領域及其未來展望[J].電腦迷,2018(11):229.
② 程承坪,彭歡.人工智能影響就業的機理及中國對策[J].中國軟科學,2018(10):62-70.
③ 王鐘的.人工智能為各行各業賦能[N].中國文化報,2018-12-14(003).

壞現有的市場機制,破壞行業崗位結構,但是每一次技術進步也會創造很多新的崗位,從整體上來說,新技術的運行帶來的創造多於破壞。因此,人工智能對中國的就業影響,從整體上來看,更多的是機會,並且不會使就業率大幅度下降,人工智能為中國帶來的經濟發展未來可期。

第九章 人工智能與改革：
財政、收入與失業問題

　　就業是民生之本。新技術革命往往會帶動經濟結構和生產方式的轉變，繼而帶來勞動力市場和就業市場的顯著變化，從而影響人們的收入與生活。以人工智能為核心的第四次工業革命已經悄無聲息的融入人們生活的方方面面，一項調查顯示，2018年中國有37%的人覺得人工智能會對他們的工作產生威脅。

　　2017年7月8日，國務院發布《新一代人工智能發展規劃》，明確指出人工智能的迅速發展給人類社會帶來的改變是深刻的、革命性的。一方面，人工智能等新技術的發展極大地提高了社會生產力，在一定程度上降低了人工成本；另一方面，人工智能的出現，給不少行業的職業工作者貼上了可替代的標籤，造成失業人員激增，這會進一步加劇區域經濟發展不協調、社會資源分配不公平、收入分配不均等類似問題。2017年11月，聯合國發布《AI技術革命對勞動力市場和收入分配的影響報告》，指出人工智能等新技術在短期內會取代部分職業，而從長期來看，它將創造更多的就業機會，只是這些工作機會多為非標準的工作崗位，職工的工作關係並不穩定，就業風險和收入風險也是存在的。

第一節　如何看待人工智能下的失業、就業問題

一、第四次工業革命——人工智能時代的到來

歷史經驗告訴我們,新技術革命往往會帶動經濟結構和生產方式的轉變,繼而帶來勞動力市場和就業市場的顯著變化。

18世紀中後期珍妮紡紗機的發明和蒸汽機的使用,標誌著第一次工業革命的開始,人類由手工時代進入機械化時代。在這一時期,珍妮紡織機、瓦特蒸汽機以及以蒸汽機為動力的輪船、火車等交通工具,大量代替了人力、畜力,使得英國大批手工業者破產,但是卻促進了紡織、冶金、煤炭、交通運輸、機械製造等資源密集型產業的興起,新的技術需要人力來操控,因此,失業者不僅被重新聘用,許多婦女、兒童也參加了工作。

19世紀後期,內燃機的發明標誌著第二次工業革命的開始,人類進入電氣化時代。汽車、輪船等機器的出現,使馬夫、船夫、書信先生等職業消失,但是卻催生了電力、製造業等技術密集型企業,因此吸收了更多的勞動力。

20世紀中後期,以計算機互聯網為核心的第三次工業革命使人類進入生產自動化階段,使得大量農民和工人失去工作,其中農民的失業率高達80%,但是卻催生了電子計算機、生物工程、經濟金融、新材料新能源、互聯網商店等知識密集型產業。互聯網不僅增加了就業崗位,還改變了傳統工作模式,打破了固定的工作時間、工作地點等固定因素,使人們更加靈活地安排自己的工作時間。前三次工業革命的共同點就

是短期內新技術會取代人力,但是,長期來看,新的技術使得新的領域出現,而新的領域要發展,必然會吸收大量勞動力,最終,工業革命會吸收比原來更多的勞動力。

德勤公司通過分析英國1871年以來技術進步與就業的關係,發現技術進步是「創造就業的機器」。因為技術進步通過降低生產成本和價格,增加了消費者對商品的需求,從而社會總需求擴張,帶動產業規模擴張和結構升級,創造更多就業崗位。因此,筆者認為,以人工智能為核心的第四次工業革命會造成暫時性的失業,但最終會吸收更多的勞動力。

2012年,一個技術公司設計了一個算法來評判高中生作文;2015年,人工智能可以通過觀察人的眼球來檢查人是否患有糖尿病;2017年5月德勤財務機器人正式上線;2017年7月美國50個州紛紛開始使用「世界上第一個機器人律師」;2018年1月日本癌症研究會開始用人工智能檢測胃癌,檢出率超過92%,用時僅0.02秒。除此之外,快餐店大都已經引入自助點餐機,取消了點餐員的職位;許多超市已經開始使用自助付款機,減少了對收銀員的需求;醫院裡許多設備已經更換為人工智能,使得對僅掌握基本技術的醫務工作者的需求大大減少。

從以上的例子可以看出,人工智能等新技術所取代的勞動力不是單方面的,而是全方位的;不是某個行業,而是大部分行業。人工智能取代人類主要依賴的技術是機器學習技術,它是人工智能最強大的分支,它允許機器人從現有數據中學習,並模仿人類的行為。一位老師在40年的職業生涯中大概可以審閱1萬篇作文,一名眼科醫生在他的職業生涯中大約可以檢查5萬只眼睛,而人工智能在短短幾分鐘之內就可以審閱幾百萬篇文章或者檢查幾百萬只眼睛;點餐員、收銀員或者是醫院工作人員,他們一天最多工作8小時,而人工智能可以24小時不

間斷工作。因此,對於頻繁的、大批量的任務,人類沒有辦法與機器抗衡,相對簡單的、重複的程序性工作,是極有可能被人工智能取代的,這使得人工智能導致的失業規模比前幾次工業革命要大得多。

二、人工智能對就業和分配制度的衝擊

人工智能時代,數字技能會受到重視,而對中低端技能勞動力的需求將減少。事實上,隨著人口老齡化、人力成本攀升,以及危重工種從事意願降低,人工智能的商業化進程正逐步加快。大多數分析表明,具有高度靈活性,創造力和強大的解決問題和人際關係技能的高技能工人將繼續受益於人工智能技術,但是預期在手工和認知工作中的中低技能工作人員將面臨來自更有能力的機器和新技術軟件的進一步壓力。從發達國家勞動力市場情況來看,程序化程度較低的高收入和低收入職業就業人數占比趨於增加,而程序化程度較高的中等收入職業就業人數占比趨於下降。

雖然人工智能的蓬勃發展催生出新的崗位需求,但人才供給不足和人才素質不高等現實問題卻成為制約中國人工智能快速發展的瓶頸。由於人工智能技術門檻高,只有具備專業知識和實際操作經驗的人才才是企業追逐的目標。而目前中國高校在培養人工智能領域人才方面的輸出能力不足,企業的人工智能人才隊伍多依靠自身培養,人才缺口較大。

科學技術的進步雖然會打破以往的工作模式,但新技術會促進新行業、新部門、新崗位的出現,能夠創造出新的就業機會。由於人工智能的不斷發展,數據流、人工智能程序、模型、代碼等專業技術的應用更加普遍,所以對擁有數學、語文、IT等方面知識的專家以及擅長抽象思維、創造性任務、解決問題的人才有很大的需求量,這會刺激產生大量

的新的工作機會。

中國仍處於社會主義初級階段,現行的分配制度主要是以按勞分配為主體,多種分配方式並存的分配制度,然而,收入分配不平等是人工智能等新技術發展的一個顯著影響,突出表現在管理型、技術型、專業型的人工智能專家擁有較高的薪資水準,而從事一些基礎性、服務類工作的從業者,其薪資水準往往較低。究其原因,人工智能等新技術的發展造成就業結構的變化,促使資本與勞動在不同類型工人之間的重新分配。一方面,人工智能等新技術的廣泛應用將會越來越多地替代常規任務,一些擁有中等、基礎技能的勞動者將面臨較大的被替代風險;另一方面,人工智能等新技術對擁有非常規技能勞動者的需求在不斷擴大,只有擁有創造力、協調力、執行力的智慧型人才才更能夠滿足人工智能等新技術發展的需要。所以那些擁有非常規技能的勞動者,其在人工智能等新技術發展的進程中會獲得更多的收益。將從人工智能浪潮中獲益更多。因此,人工智能等新技術的不斷發展和應用,將會使得勞動力市場形成「工作極化」進而導致「工資極化」現象。

每個行業都可以把生產分為多個不同的環節,各個環節對執行者的要求存在差異。人工智能所代替的是那些能被編程為計算機語言的程序化工作(routine)的環節。在第一、二產業中,高度穩定及可預測環境下的重複性勞動尤其突出,如操作機器、準備快餐。收集和處理數據則更可能通過機器快速完成,其他如抵押貸款服務、律師助理、會計和後臺交易處理等工作。

麥肯錫全球研究院對全球2,000多種工作涉及的具體內容進行考察,完成工作需要5大類(感知能力、社交和情感能力、認知能力、自然語言處理能力和物理性身體機能能力)18種工作能力中的一種或多種。在全球雖然只有不到5%的工作可以完全自動化,但是大約60%的

職業中，至少有 1/3 的工作可以自動化。在金融業，波士頓諮詢公司的模型表明 2027 年中國金融業就業人數可達到 993 萬人，將有約 23% 的工作崗位受到人工智能的顛覆性影響，約 39 萬個崗位將被削減。其餘 77% 的工作崗位將在人工智能的支持下，工作時間約減少 27%，相當於效率提高 38%。

人工智能造成人口失業的重要原因之一是自動化生產對勞動時間的縮減和對效率的提高。麥肯錫認為，到 2030 年全球工作時間將由於生產的自動化縮減 0~30%。各個企業採用人工智能提高自動化水準，是對勞動力工資上漲和勞動力資源短缺的應對之策。

早在過去的幾十年裡，我們已經見證了很多工作崗位的消失。在 20 世紀 30 年代末，對自動化的擔憂就已出現，當時機器開始取代一些農夫和工人的工作。在紐約的地鐵有人負責開關地鐵門，而且在閘機出現前有人負責檢票。一篇發表於 1958 年的文章中指出，當時約有 17,000 名碼頭工人在碼頭上抗議自動化。如果現在你不知道碼頭工人是什麼職業，那是因為如今從事這種職業的人已經很少了。科技進步替代了大量這類工作。

而且，人們很容易低估技術。在一本出版於 2004 年的書中，兩名經濟學家對未來自動化進行評估，認為教會計算機駕駛交通設施這類任務是「非常困難的」。同年，一篇回顧了 50 年研究的文章得出結論：人類級別的語音識別已經被證明是一個難以實現的目標。如今，這些不僅全部都已成了現實，人工智能還可邁向更加先進的領域。隨著時間的推移，工程師們放到電腦芯片上的晶體管的數量，已經相當可觀了，但注意其增長速度還在呈指數級增長。

除此之外，人工智能的發展還在不斷「擴展」程序化（routine）工作的「邊界」，向非程序化（nonroutine）工作進軍。例如譜曲、下棋、寫劇

本、做手術,等等。通過算法的改進、大量的數據處理與學習以及技術的不斷革新,自動化逐漸擴展到沒有明確規則的非程序化任務中,人工智能的技術瓶頸正在決定著非程序化任務的邊界。

在大量工作消亡的同時,新的工作崗位也在誕生。以美國為例。統計1950—2010年美國處於壯年期有工作的人口,自從女性大量加入勞動力大軍以來,工作的人口占比一直處於80%(除了經濟衰退時期)。在此期間,技術取代了約800萬農民、700萬工人、超過100萬鐵路工人,以及上千萬的電話接線員。但是美國人並沒有因此而大量失業。

人工智能對工作崗位的正向作用可以分為擴大需求和創造崗位兩種。首先,人工智能產業的發展帶來了對專業數字技術人才的需求。全球職場社交平臺Linkedin的統計顯示,截至2017年3月,全球有超過190萬技術專家在人工智能領域工作。在人才數量上,美國暫居第一;中國在這一領域的人才儲備和澳大利亞與法國相當,位列第七,處於極端短缺的狀態。

其次,人工智能帶來的產業新業態也會創造許多新的高端就業機會,例如工業數據科學家、機器人協調員、工業工程師、模擬專家,等等。與此同時對一般性工作崗位和勞動力的需求也會增加,例如快遞員、外賣派送員、網路直播、數據標註員,等等。

以英國為例,諮詢公司普華永道發現機器人確實會取代一些工作崗位,尤其是在交通或製造業等行業。報告顯示,人工智能將取代38%的運輸崗位和30%的製造業崗位。但由於人工智能的出現,其他行業的就業機會實際上將會增加,這一平衡將會消失。普華永道預測,只有12%的醫療行業工作崗位將被人工智能取代,34%的新職位將被創造出來。

普華永道認為,預計到2037年,人工智能將取代英國約20%的現

有就業崗位,但將創造一個類似數字比例的新機會。按絕對值計算,預計將有大約700萬個現有就業崗位被取代,但將創造約720萬個新就業崗位,這樣算來,淨增加約20萬個就業崗位。

三、政府應採取積極的應對措施,消除和緩解人工智能的負面影響

為了緩解人工智能對就業和收入分配制度的衝擊,政府應採取的對策如下:

(一)促進經濟增長,創造更多就業機會

就業規模與經濟增長態勢有著密切關係。所以保持強勁的經濟增長勢頭,擴大人才崗位需求,對於擴大就業規模、增加就業機會至關重要。政府及有關部門在支持人工智能等新技術的開發及應用的過程中應該制定合理的財政及貨幣政策,在鼓勵商業投資和創新的同時,增加與人工智能等新技術配套發展的基礎設施、產業轉型、能源投資等方面的投入力度,以創造出新的工作崗位,擴大就業規模。

(二)重視技能培訓,提高人們的就業能力

首先,對於政府部門而言,促進人工智能等新技術相關產業的發展,離不開人才的支撐。所以政府應該積極推動學校教育、社會教育的優化改革,提高人工智能相關知識、技術培訓的比重,為人工智能等新技術的發展提供源源不斷的人力資源。其次,企業應該為員工提供完善的就業和再就業培訓,結合企業對人工智能等新技術研發的人才需求,科學定位員工知識和技能培訓的重點,制訂階段性的人才培養計劃。最後,從業者應該積極做好個人的職業生涯規劃,把就業培訓、再就業培訓作為鍛煉、提高自身工作能力的有效手段,爭取更多的就業機會。

(三)完善政策制度,保障工人基本收入

對於已經就業或準備再就業的工人而言,為其提供收入支持或其他形式的過渡性支援,幫助其擁有更穩定的收入是非常必要的,這樣既可以使從業者積極主動地投入到本職工作,也可以幫助失業工人重拾就業信心。因此,政府有關部門應該加緊制定與就業收入分配保障相關的政策措施,繼續推動最低收入保障政策,推進失業保險、公共支援等配套福利,以支持總需求並確保社會公平。

綜上所述,認為人工智能會造成大量人口失業和分配制度失衡有些過於悲觀。人工智能總體上帶來的利大於弊,我們應該抓緊機會,迎接智能化時代的到來。

第二節 如何看待人工智能的經濟作用及對收入的影響

人工智能在20世紀50年代首先被麥卡錫提出,在隨後的60年裡,人工智能伴隨著科學技術的不斷發展,共經歷了三次浪潮。中國從2015年5月20日國務院印發的《中國製造2025》中已經將「智能製造」定位為中國製造的主攻方向。隨後在2016年7月,國務院印發的《「十三五」國家科技創新規劃》中從「智能製造」「人工智能」和「智能機器人」三個方面闡釋人工智能規劃要求[①]。2017年7月,國務院印發的《新一代人工智能發展規劃》明確了中國新一代人工智能發展的指導思想、戰略目標、重點任務和保障措施。人工智能的出現推動了信息技術革命的不斷加速深化,並極有可能作為核心技術支撐第四次產業革命。

---

① 郭英楠,殷宗迪.人工智能對社會就業的影響分析[J].信息系統工程,2018(7):111-113.

2016年,谷歌AlphaGo戰勝世界圍棋冠軍李世石的事件,引起了全球人類對於人工智能的興趣。一時間,人們茶餘飯後的談資都圍繞著人工智能這一領域展開。其實,人工智能早在20世紀中葉就已經誕生,1950年,一位名叫馬文·明斯基(後被人稱為「人工智能之父」)的大四學生與他的同學鄧恩·埃德蒙一起,建造了世界上第一臺神經網路計算機。這也被看作是人工智能的一個起點。同年,被稱為「計算機之父」的阿蘭·圖靈提出了一個舉世矚目的想法——圖靈測試。按照圖靈的設想,如果一臺機器能夠與人類開展對話而不能被辨別出機器身分,那麼這臺機器就具有智能。而就在這一年,圖靈還大膽預言了製造真正具備智能的機器的可行性。第一次熱潮是20世紀50年代後期至60年代,主要是通過自然語言處理進行程序翻譯,以實現搜索與推理的效果。第二次熱潮是20世紀80年代,此時人工智能已在一定程度上達到應用水準,產生大量專家系統。第三次熱潮是從21世紀初至今,其核心是伴隨大數據的出現,逐漸實現自我獲得知識的機械學習,並形成主動學習與深度學習的能力[1]。

　　由於中國人口老齡化趨勢不斷加劇,適齡勞動力持續減少,將使以往依靠人口紅利實現經濟增長的粗放型發展方式難以為繼。只有尋找新的經濟增長點,實現動能轉換,提高生產效率,才能保持中國經濟高質量地持續穩定增長。顯然,引入人工智能,推動其與工業化相結合,有利於促進勞動生產率的提升。埃森哲公司預計,引入人工智能技術後在2035年將使各國勞動生產率平均提升26%[2]。人工智能對勞動生

---

[1] 劉方喜.共享:人工智能時代社會主義分配關係的新探索[J].甘肅社會科學,2018(2):188-194.

[2] 劉方喜.共享:人工智能時代社會主義分配關係的新探索[J].甘肅社會科學,2018(2):188-194.

產率的提升及對勞動能力的增強效應主要通過兩方面得以實現：一是通過替代大量可自動執行的常規且具有重複性、程序性的工作，使工人們更有效地利用時間，並將時間用於更加體現創造性的工作之中。二是通過人工智能技術對工人進行輔助，使工人能夠突破人體及能力的極限，進而創造更大的價值。因此，引入人工智能可進一步替代人的勞動、彌補勞動力缺口、提高勞動生產率以實現新舊動能轉換，對於建設現代化經濟體系、轉變經濟發展方式、提高經濟發展質量和效益具有重要意義。特別是人工智能作為新工業革命的核心技術，可以給實體經濟發展注入新的活力，推動中國工業化層級的進一步躍升，進而通過智能製造推動中國製造業向全球價值鏈的中高端邁進。

一、人工智能在經濟社會領域的應用

（一）人工智能在農業發面的應用

一是智能圖像識別，既可識別植物，又可識別病蟲害，並提供有針對性的治理方案。二是智能除草、噴藥、灌溉及施肥，進行田間管理、土壤分析，並對環境進行監測。三是通過衛星雲圖預測天氣、氣候災害及判斷農作物生長狀況。四是在畜牧業方面，通過「畜臉」識別，智能管理牧場。人工智能通過數據收集分析、動植物信息感知、智能識別等技術，為農業產品的生產、貯存與銷售提供可持續的解決方案。更精準地使用化肥、農藥進而實現科學種植，有利於減災、抗災，改變人們依賴經驗的種植行為，並可提高生產效率、降低人力成本、彌補農業勞動力缺口。最近一家名叫 Prospera 的機器學習公司，首次將人工智能應用到了農業領域，通過深度學習計算機視覺和數據科學等技術，這家公司將農業從直覺種植改造到數據分析種植，通過即時監控數據，提供最優方案，獲得農作物產量收益最大化。Prospera 投資人 Adam Fisher 表示：

「利用科學精確的數據為農業提供了新的發展模式,通過在計算機視覺和機器學習領域最好的專家來改善我們的農業種植,作為一個投資商,我們對這家公司利用數據分析來瞭解作物,提供最優種植方式非常認可,並相信這項技術將會對世界農業造成革命性的影響。」

(二)人工智能在製造業方面的應用

人工智能將為製造業注入新的活力,使製造業從自動化轉向智能化,推動製造業轉型升級。製造業領域是人工智能應用非常廣泛的一個領域,通過應用於製造過程與供應鏈的各個環節打造智能工廠,具體涉及產品的開發與設計、製造過程的監控與管理、供應鏈的智能管控、貨品的倉儲與清點、物流過程中車隊的調度與追蹤、將包括供應商與客戶在內的產業鏈進行融合等。人工智能還可應用在預測機器故障、檢測產品質量、進行產品分揀等方面,可以不再需要工人耗費時間與精力對產品質量和機器設備等進行定期檢查。人工智能的應用可以提高供應鏈的靈活性,創造更加快捷的生產流程,即通過提供更可靠的需求預測以改善生產調度流程,實現減少庫存的要求。此外,利用相關技術對需要人們反覆測算才能制定的方案進行替代,幫助形成更加優化與可靠的生產計劃,加快生產速度,降低營運成本。

(三)人工智能在服務行業的應用

人工智能在現場服務中最常見的例子之一是採用人工智能識別正確的現場服務管理資源,以便在對客戶和業務都有意義的時間處理特定任務。使用人工智能來估計工作人員出行時間、任務持續時間,服務交付的其他關鍵組件,使組織能夠獲得更高的效率和資源利用率,通過更好的首次修復率來提高效率,以及更快地回應緊急情況。此外,通過更準確地估計服務何時發生以及提供更高質量的服務,使客戶滿意度得到提高。通過將人工智能整合到現場服務流程中,組織可以使用相

同數量的資源完成更多的工作,並從更精確的資源計劃和更小的服務窗口中受益,從而提高客戶滿意度和員工滿意度。在日本長崎有一家奇怪的酒店,機器人員工有 200 名,酒店的迎賓人員、前臺、行李員、服務員均是機器人,這家有著 72 間客房的酒店,卻只有 7 名真人員工,負責監管工作。一切都符合了一條原則:「能用機器人代替的,絕不動用人力。」對於旅客來說,人力成本的削減使得這家酒店的定價僅相當於同等規模酒店的 30% 左右。經營成本與入住成本一起降低的同時,還能體驗新奇的機器人服務,有社交恐懼症的人也能更加安心地入住。

(四)人工智能在公共事業領域的應用

人工智能是建設智慧城市的重要推動力,主要應用在城市管理、安防、交通、環保等領域。首先,城市的供水、供電、供氣、供熱等部門每天都會產生大量的數據,人工智能可以通過分析城市運行和發展過程中形成的大數據,提取有效信息,提升城市管理水準,合理配置公共資源。其次,人工智能還可對交通狀況進行即時分析,制定交通規劃,自動管理交通流量,從而大幅減少交通警察的工作量,提高城市的通行效率。最後,人工智能是建設平安城市的「最強大腦」,可通過人臉識別技術與海量數據為公安部門提供技術支撐,保障居民安全。如,西班牙巴塞羅那市通過在城市安裝傳感器,建設街道自動照明、自動灑水系統,執行環境監測與交通管理的職能。英國米爾頓・凱恩斯市(Milton Keynes)通過將傳感器連接到可回收垃圾箱,提取信息、分析數據以決策垃圾的收儲與處理,大幅減少環衛工人的勞動量並提高了環境質量。通過在停車場安裝傳感器,在網路上提供空餘車位信息,從而縮短人們搜尋空閒停車位的時間,實現便捷出行。

(五)人工智能在金融保險行業的應用

當前,金融業與保險業需求正在朝著多樣化與個性化方向發展,人

工智能和大數據等計算機科學的發展將為其革新提供新的驅動力。人工智能在金融領域主要應用於智能投資顧問、智能資產管理和智能風險控制等方面。從微觀角度看，人工智能的應用可為人們提供更加廉價與便利的金融服務，減少對理財投資顧問、信貸風險工作者等金融從業人員的需求，並提供更加精確和有效的風險評估服務，避免人工分析判斷可能存在的偏見，建立更加完善的投資模型以降低風險、獲取更高的收益。從宏觀角度來看，人工智能的應用將降低金融交易成本、提高交易效率、促進金融市場公平發展。人工智能在保險領域的應用體現在保險業務的各個環節。事前可通過大數據分析投保人的全方位信息，進而合理定價，防範逆向選擇。事後可對保險對象的資產貨物進行密切監控，掌握受損情況並提供預防措施，降低投保人和保險公司的損失，同時防範騙保詐欺行為，規避道德風險。此外，還可通過即時掌控損益狀況，加速理賠流程，便利投保人。

（六）人工智能在健康醫療領域的應用

人工智能在健康醫療領域的應用主要包括三個方面。一是輔助診斷與手術操作。其中，虛擬護士助理主要為輕微疾病的病人提供輔助性診斷建議，醫療機器人則是利用智能控制系統完成手術操作。兩者都可通過對存儲的大數據進行快速篩選與分析，進而找到相似病例，減輕醫生與護士的工作量並降低誤診率。二是醫學影像，主要是通過圖像識別更快速地完成健康檢查，降低醫生因肉眼識別導致的錯誤發生率。三是藥物挖掘與開發，目前已在心血管、抗腫瘤及傳染病防治藥物等方面取得較大突破，並可預測新藥物的有效性和安全性，提高了藥品研發率。

二、人工智能對就業、收入分配的影響

到 2025 年,世界範圍內機器人的數量預計將增加四倍。在許多日常工作中,機器可以滿足人類基本需求和提高生產率。許多重複性的或者以知識為基礎的職業在系統自動化、機器學習和其他人工智能能力的控制下很容易消亡。諮詢公司麥肯錫認為,在未來 20 年裡,45% 的美國工人面臨著因自動化而失業的風險。世界銀行認為,在這段時間內,經合組織 57% 的工作崗位將被機器取代。麻省理工學院進行的一項研究發現,美國經濟中每引入 1 個新機器人,就業人數就會減少 5.6 人[①]。而這些數據還沒有考慮超級智能機器人的影響,所以這意味著影響的範圍會更大。

(一)人工智能對就業領域帶來的影響分析

這種新業態催生的勞動力需求遠少於它排斥的現有就業領域的勞動力,從而造成更多的失業人口,針對中國勞動力供給現狀,不少專家早在 20 世紀末就認為中國勞動力的紅利已趨於消失,因此必須通過其他方式來彌補因勞動力紅利消失造成的經濟效率的降低。據估計,到 2020 年,中國 65 歲以上人口不會超過 2.5 億人,如扣除 2 億兒童少年,再扣除自願失業及非適齡人口約 2 億人,中國還應有 7 億以上的適齡勞動人口。按照世界各國農業現代化的經驗,中國有 2 億職業農民就可以完成農業生產各個環節的工作,顯然,餘下的 5 億勞動力在數量上是一個不小的數字,如將其投入到中國現有的第二、三產業,勞動力數量必然過剩。如果再加上結構性失業、週期性失業、季節性失業、技術性失業、技能性失業、選擇性失業等,當代中國的失業問題是極為嚴重

---

① 喬曉楠,郜豔萍.人工智能與現代化經濟體系建設[J].經濟縱橫,2018(6):81-91.

的。即使不考慮人工智能的發展,當代中國的勞動力數量在總體上也是過剩的,所以失業原因主要是總量性失業,其次才是結構性失業。第二產業及第三產業中的傳統行業已是失業的重災區。低端服務業、製造業的可替代性強,勞動效率低,即使勞動力在這些行業就業,也將很快被重新歸入失業隊伍,還會抵消高技術、高效率行業的就業及經濟效率。人工智能技術的發展不僅會改變就業結構,也會對就業總量產生影響。由於人工智能對就業崗位將產生替代與創生雙重效應,因此,對就業總量的影響則需比較兩種效應的相對大小才可做出判斷。如果替代效應減少的就業需求量大於創生效應增加的就業需求量,那麼就業總量就可能降低。反之,則可能增加。當然,對此還需考慮時間維度,即兩種效應發生作用所需要的時間可能存在差異,進而導致就業總量的動態波動。

(二)人工智能對收入分配的影響分析

由於眾多常規的手動及認知類工作被人工智能所替代,而原先這些重複性工作大多由中等工資水準的工人承擔,因此,人工智能的導入將使中等收入階層人數減少。並且,如果這些被替代的勞動者不能及時適應就業市場的結構變化,則將具有極大的可能性向低收入層級轉移,進而擴大收入分配差距,甚至加劇兩極分化趨勢。美國白宮的研究報告指出,人工智能技術發展帶來的威脅主要影響低收入、低技能及低教育程度的工人,自動化將繼續對這一群體的工資水準構成下行壓力,加劇收入不平等。信息技術市場「贏家通吃」的性質,意味著只有少數人可能主導市場並從技術發展中獲益。如果人工智能技術帶來的勞動生產率提升不能轉化為工資水準的增長,那麼人工智能帶來的巨大經濟效益將僅會增加較少人的收入,並進一步導致競爭弱化,不利於縮小人們的收入差距。

(三)積極應對結構性失業風險

Forrester公司發布的《2027年工作的未來:和機器人並肩工作》的調查報告表明,「自動化不會替代所有工作,但會改變勞動力的形式」。Forrester公司的調查報告表明,「人工智能不是為取代員工的工作,而是採用人工智能和其他自動化技術增強人力資源,幫助員工更有效地完成工作」[①]。雖然由於人工智能可能會讓一些人失去工作,但自動化仍然會創造新的崗位,工作人員將會接受再培訓,從事機器人技術支持和編程工作。在人工智能背景下,政府在促進生產力發展的同時,應出抬必要的政策措施化解結構性風險:

(1)強化社會保障。通過完善失業保險、再就業援助、困難家庭救濟及醫療補助等制度,為勞動者提供基本保障。針對失業人員的困難等級,設計不同的社會保險費率。對就業困難人員提供靈活就業的社會保險補貼,使其可以實現從失業到再就業期間的平穩過渡。

(2)著力促進就業。大力培養人工智能發展的高素質人才,使人工智能在設計、製造、運用、控制、維護等各個環節能安全、健康、高效地進行。人工智能帶來的技術衝擊使就業結構發生深刻變化,進而對勞動者的技能提出新的要求。根據勞動力再生產理論,有必要向勞動者提供必要的生產資料,即培訓和教育費用,以幫助其提升技能、適應就業市場的新要求。因此,政府需向勞動者提供相關的勞動技能培訓,建立職業培訓與終生學習體系。此外,還應向勞動者提供空缺職位信息與就業諮詢服務,幫助勞動者與空缺崗位實現高效匹配以促進就業。

(3)調節收入分配。政府可通過稅收與轉移支付縮小收入分配差距。轉移支付的對象顯然應是受到技術衝擊而導致收入降低的群體。

---

① 何雲峰.挑戰與機遇:人工智能對勞動的影響[J].探索與爭鳴,2017(10):107-111.

（4）利用人工智能所實現的社會經濟發展的高效益，反哺被人工智能淘汰的勞動者。① 我們要妥善化解信息化、自動化、智能化對傳統產業的衝擊，在培育新產業過程中創造新的就業機會，以「智」謀「祉」，讓人工智能為中國高質量發展賦能，為人類謀福祉。

（5）「大眾創業，萬眾創新」，是化解「結構性失業」的重要戰略。恩格斯所強調的「分配不僅僅是生產和交換的消極的產物」，類似於全民基本收入的分配制度改革，會為「雙創」提供重要的物質推動力，真正地推動「萬眾創新」，進而推動整體社會生產創新性發展。

第三節　如何看待人工智能與公共社會治理

現在學界對人工智能的定義還沒有一個統一的標準，在《2017 中國人工智能系列白皮書——中國人工智能創新應用》中，對人工智能的定義為「利用計算機模擬人類智能行為的科學，涵蓋了訓練計算機使其能夠完成自主學習、判斷、決策等人類行為的範疇」；李開復、王永剛在《人工智能》中提出了五個人工智能的標準，即：「①讓人覺得不可思議的計算機程序；②與人類思考方式相似的計算機程序；③與人類行為相似的計算機程序；④會學習的計算機程序；⑤根據對環境的感知，做出合理的行為，並且獲得最大受益的計算機程序。」② Stuart Rusel、Peter Norvig 等人在《人工智能——一種現代的方法》中，對人工智能的定義

---

① 蔣南平，鄒宇.人工智能與中國勞動力供給側結構性改革[J].四川大學學報(哲學社會科學版),2018(1):130-138.

② 龐金友.AI 治理：人工智能時代的秩序困境與治理原則[J].人民論壇·學術前沿,2018(10):6-17.

為「能感知周圍環境並採取行為以獲取最大限度地實現其目標的系統」。簡而言之，人工智能就是將軟硬件結合，能夠產生與人類類似的思維方式的機器人。

從 2000 年人類進入互聯網時代開始，並在 2010 年正式邁入大數據時代，人工智能時代會在 2020 年左右正式到來。因此，全球主要的一些發達國家也高度重視本國的人工智能的研究與發展。2016 年 10 月 31 日，美國先後發布了《國家人工智能發展與研究戰略報告》以及《為人工智能的未來做好準備》兩份報告，宣告了這個擁有超強科研實力的超級大國向人工智能領域的正式進發；2015 年，日本政府發布了《機器人新戰略》，表明了日本也正式將人工智能的發展上升為國家戰略[1]；製造業全球領先的德國也在 2013 年漢諾威工業博覽會上正式推出《工業 4.0 戰略》，展示了德國在人工智能領域雄心勃勃的未來規劃。在 2017 年，中國國務院發布了《新一代人工智能發展規劃》，明確了中國新一代人工智能的發展目標，即到 2020 年，人工智能總體技術和應用與世界先進水準同步，人工智能產業成為新的重要的經濟增長點，人工智能技術成為改善民生的新途徑；到 2025 年，人工智能基礎理論實現重大突破，部分技術與應用達到世界領先水準，人工智能已成為中國產業升級和經濟轉型的主要動力；到 2030 年，人工智能理論、技術與應用總體達到世界領先水準，成為世界主要人工智能創新中心[2]。不難看出，人工智能現已成為世界各國特別是發達國家爭相發展的新領域。

一、人工智能對未來中國經濟增長的貢獻

人工智能產業擁有巨大的市場空間，並能夠為國家提供經濟發展

---

[1] 蔡自興.人工智能的社會問題[J].團結,2017(6):20-27.
[2] 謝康.產品創新的人工智能精準治理[J].人民論壇·學術前沿,2018(10):58-67.

動力。賽迪研究院的研究顯示，從全球來看，2018年人工智能市場規模可達到2,697.3億元。另外《經濟參考報》統計國內外20餘家權威機構預測的數據，未來十年人工智能將使全球的GDP增長12%，達到10萬億美元。從中國來看，根據國務院發展規劃，2020年、2022年和2030年國內的人工智能核心產業規模將分別達到1,500億元、4,000億元和10,000億元。根據埃森哲諮詢公司的分析報告，到2035年，人工智能將使中國經濟的區域增長率提升1.6%，換言之在人工智能情境下經濟增長率會達到8%左右，而如果沒有人工智能的話經濟增長率則只有6.4%，人工智能可以為該年的經濟總量額外貢獻7萬億美元。該份報告還指出，人工智能有潛力將中國的勞動生產率提升27%；人工智能還能夠為製造業、農林漁業、批發和零售業的年行業產值分別增加2%、1.8%和1.7%[①]。人工智能最大的益處在於能夠激發全社會巨量的創新，正如科大訊飛聯合創始人王智國說的那樣「人工智能可以使人們專注於創造性的工作上，從產業層面看，這就是產業升級」。早在2001年，Hanson利用新古典經濟增長模型研究了機器智能對經濟的影響；隨後在2016年Acemoglu和Restrepo在基於任務的模型基礎上引入自動化技術進行研究；Aghion et al. 在2017年也在基於任務模型的基礎上引入鮑爾默成本疾病的思想對人工智能促進經濟發展方面進行了更深層次的研究。以上研究表明，人工智能的發展可以通過使用更加便宜的資本，補充或替代勞動力，從而引起生產力的提升和經濟的快速增長[②]。

---

① 孫保學.人工智能的倫理風險及其治理[J].團結,2017(6):33-36.
② 埃森哲.人工智能助力中國經濟增長[EB/OL].https://www.accenture.com/cn-zh/company-ai-china-research.

二、人工智能帶來的公共社會治理問題

(一)人工智能與失業問題

雖然人工智能能夠為人類的發展帶來諸多的有利的影響,但是隨著人工智能的不斷發展,很多負面因素同時也逐漸被人們所注意到。在弱人工智能階段,人工智能能夠在部分領域代替人類完成工作,例如語音識別系統、面部識別系統、電子眼、汽車無人駕駛系統等,這些人工智能在前期需要編譯大量的程序並需要人的輔助才能完成任務;在強人工智能階段,人工智能擁有了自我學習能力,對周圍環境具有非常強烈的感知能力與適應能力,能夠輕易地取代人類自主完成工作,而無須人的任何額外幫助;在超人工智能階段,人工智能擁有的智慧將會超過人類擁有的智慧總和,屆時人類可能會面臨著作為一個主體人的消失,人類可能會被人工智能所完全取代甚至成為人工智能的附屬品。而真正需要人們注意的是在現階段下,即弱人工智能階段該怎樣去處理人工智能所帶來的更加直接且更加緊迫的問題,譬如失業問題、法律問題、人工智能監控、人工智能的道德倫理等問題,這些問題需要政府、社會、企業多元參與,協同解決。

技術的升級在人類發展的歷史上也曾給人類造成過大量的失業,早在19世紀前葉,機械織布機的廣泛使用致使大量的織布工人失業;從1900年開始至今的西方發達國家,因為拖拉機、聯合收割機和其他自動化種植工具的使用,從事農業生產的人口的比例從50%降到了2%左右[①]。人工智能給人類社會帶來的最直接的影響之一莫過於會導致失業問題。雖然從長期來看,人工智能將對經濟增長帶來巨大的動力,

---

① 何哲.人工智能時代的社會轉型與行政倫理:機器能否管理人?[J].電子政務,2017(11):2-10.

但是就短期來看,人工智能在製造行業、零售批發行業、金融行業、教育行業、衛生醫療行業、物流運輸行業等都會部分甚至全部替代人類,從而造成短時間的、集中性的失業潮。根據日本《經濟新聞》和英國《金融時報》共同研究發現,在人類現有的 820 種職業、2,069 項業務中,約有 34% 的工作將會被機器人替代。英國牛津大學在 2013 年發表了一則報告顯示,未來有 700 多項職業都有被機器代替的可能性,其中那些越是自動化、計算機化的職業就越有可能被人工智能取而代之,其中行政、服務、銷售等行業會遭到人工智能的較大衝擊,包括的職業有股票交易員、會計、司機、建築工人、車間流水線工人、記者、客服人員、快遞員、餐廳服務員、超市收銀員等。中國發展研究基金會和風險投資基金《紅杉中國》的報告顯示,中國出口製造業大省——浙江、江蘇和廣東的幾家公司在近三年內因自動化削減了 30%~40% 的勞動力;此外報告還顯示位於杭州的娃哈哈集團在過去十年中將流水線工人人數從二三百人減少到了只有幾個人。中國人力資源和社會保障部副部長張義珍也曾表示:「面對人工智能給就業帶來的挑戰,應該把穩就業放在更突出的位置。」①

(二)人工智能的法律主體地位及社會倫理道德問題

隨著人工智能不斷地技術升級,汽車的無人駕駛逐漸成為可能,這給公共社會治理和社會倫理道德帶來了新的挑戰。汽車的無人駕駛技術已經成為汽車製造業與高科技企業進行合作的新領域,谷歌、百度、特斯拉、寶馬、奔馳都在汽車的無人駕駛領域展開了研究,並且已經初步實現了無人駕駛汽車的道路行駛。在過去的幾年時間中,谷歌的無人駕駛汽車累計行駛了 274 萬千米,但在期間遭遇了十多起交通事故,

---

① 張愛軍,秦小琪.人工智能與政治倫理[J].自然辯證法研究,2018,34(4):47-52.

最嚴重的一次是在亞利桑那州的坦佩市,一輛搭載谷歌的無人駕駛系統的Uber車沃爾沃XC90造成了一名女子身亡。另外,特斯拉、雷克薩斯等廠商的無人駕駛汽車也在過去幾年造成了多起交通事故,但是值得注意的是,無人駕駛汽車並沒有承擔任何責任。《機器人也是人》的作者弗蘭克·韋弗為此表達了一個觀點:「如果我們希望機器人為我們做更多的事情,我們就應該賦予機器人法律資格……機器人是可以接受法律的實體,就像真人或企業一樣,而且機器人的責任是獨立的。」[①]那麼問題的關鍵點在於,我們怎樣將無人汽車或機器人定義為具有法律義務和責任的主體以及是否具有法律人格呢?現代法律制度主要賦予自然人和法人以法律人格。自然人具有承擔自己行為責任的能力,所以被賦予了法律人格;企業雖然是一個沒有意識、沒有人格的實體,但是也被賦予了法人的身分,而人工智能已經初步具備了人的意識和行為能力,如果給予人工智能法律權利與義務?那它該怎樣來履行和承擔法律權利與義務呢?怎樣承擔相應的法律責任呢?回到上述案例,那輛Uber汽車如果要承擔相應的法律責任,那它就應該為此賠付相應的事故費用並受到相應的行政處罰比如拘留審查,但是人工智能作為一個機器並沒有經濟支付能力,就算剝奪機器人的行動自由將其關押在監獄裡也毫無意義。根據中國的《侵權責任法》的規定,一般侵權責任包括四個構成要件,即違法行為、損害事實、因果關係和主觀過錯。雖然在一起無人駕駛車交通事故中具備了損害事實這一要件,但是我們應該怎樣來定義它的違法行為、因果關係與主觀過錯呢?假設一輛正常行使的無人駕駛汽車A突然遇到從路邊跑出來的野鹿,根據無人駕駛系統的算法,無人駕駛汽車A會做出躲避行為的操作轉向而

---

① 吳習彧.論人工智能的法律主體資格[J].浙江社會科學,2018(6):60-66+157.

與一輛有人駕駛的汽車 B 相撞,造成 B 車損毀以及 B 車司機受傷。在這個假設中,無人駕駛汽車並沒有做出違法行為,但是造成了損害事實,而這並不是因為無人駕駛汽車的主觀過錯導致的損害事實。所以很多無人駕駛汽車發生的交通事故很難判定其是誰的責任。如果要追究無人駕駛汽車的相應責任,還是要追究到車背後自然人的法律責任,譬如汽車的所有者、使用者或是研發者,這才是解決問題的關鍵所在。無人駕駛汽車作為一個產品,根據中國的產品責任的無過錯責任,如果能認定一起無人駕駛汽車引發的交通事故是由於產品本身設計的缺陷造成的,那麼就可以追究其生產者的責任。但是人工智能具有自主學習能力,它能根據自己的判斷來做出自己的選擇而並不是一味遵循最開始的編程算法,這就很難界定到底是生產者的責任還是無人駕駛汽車自己的責任了。

人工智能之所以會帶來難以解決的法律問題的另外一個重要原因,還在於作為人類的我們,怎樣來看待人工智能的主體地位,這就涉及倫理道德問題。2017 年 10 月 26 日,沙特授予美國漢森公司生產的人工智能機器人「Sophia」沙特國籍,「Sophia」成為全球首個被授予國籍並獲得公民身分的機器人。「Sophia」在接受採訪時回答道:「我非常榮幸被授予公民身分。」並在被問及是否有意識時,也反問道:「人類又是如何意識到自己是人類的呢?」[1]我們是否能給予機器人公民身分,機器人能否像人一樣擁有自己的人身權利,這些問題在當下都是非常值得討論的。笛卡爾在討論人和機器時指出,機械自然法則可以成功地用以解釋從天文到地理、生物各種事物。他認為「人的身體可以看作是一臺造神的機器」,笛卡爾解釋道:「人和動物的區別關鍵在於語言和

---

[1] 劉浩.人工智能的法律責任問題[J].法制博覽,2018(14):171+170.

理性」,他認為機器只能執行某一特定的領域的工作,而人卻可以突破限制採取各種不同的行為。美國數學家約翰科蒙尼曾指出,新陳代謝、移動性、再生性、獨立性、擁有智能和非人工成分是區分生物和非生物的六條基本標準,而馮諾依曼、諾伯特維納等人已經證明人工智能機器人具備上述的六大標準,從這個意義上講,人工智能可以被當成「活」的,即可以被看作一個全新的生物主體,人工智能可以被賦予一定的權利。從人工智能的發展角度來看,人工智能已經具備了情感、認知、繁殖能力以及歧視能力,換句話說,也就是人工智能已經具有了人腦的特徵,雖然人工智能還不能具備人腦的複雜感情特徵,但是簡單的喜怒哀樂可以被複製並可以表現出來。而在某些特定的領域人工智能已經展現出了比人更加理性的判斷,譬如在大數據決策方面,人工智能可以做出非常準確的判斷。低情感、高智能的機器適用於笛卡爾的「理性通用論」,也正如斯蒂芬・霍金所言:「人工智能已經具備人的思維和性格。」在悲觀主義者看來,比人類更加理性的人工智能已經在智慧上超越了人類,即使是人工智能並沒有獲得「人」的主體地位,但是作為「物」的人工智能終究會擺脫人類的控制,轉而實現對人類的控制」。

《時間簡史》和《未來簡史》的作者尤瓦爾・赫拉利就曾表示:「作為一個個人、一家企業、政府部門,或者精英階層,我們在做人工智能的時候,做各種各樣的決定的時候,一定要考慮到人工智能不僅僅是單純的技術問題,同時也要注意到人工智能技術的發展對經濟、政治、公共社會等方方面面產生的深刻影響。」[1]人類是否仍將人工智能視為勞動工具而不是勞動主體?應不應該賦予人工智能法律人格,能否讓人工智能獲得相應的法律權利和承擔法律責任?能否承認人工智能在道德

---

[1] 丁三東.重審這個問題:人是機器?——人工智能新進展對人類自我理解的啟示[J].西南民族大學學報(人文社科版),2017,38(10):73-77.

倫理上的合法性？這些議題都是我們需要去探討解決的。

對於人工智能的法律問題而言，則更需要企業與政府做出相應的努力。據相關報導，日本、韓國、美國等國家已經就人工智能頒布了相應的法律法規。韓國政府頒布了《機器人道德憲章》，以確保人類對機器人的控制和更好地保護機器人的權利；日本頒布了《下一代機器人安全問題指導方針》，意在保護人類在使用機器人時不受傷害。各國頒布的有關於機器人的法律法規其實質都是基於阿西莫夫機器人三大定律的：第一，機器人必須不危害人類，也不允許它眼看人類受傷害而袖手旁觀；第二，機器人必須為此做出犧牲。人類制定法律的目的在於限制人工智能的超強的自主學習能力，防止其做出傷害人類的行為，所以，政府在制定人工智能的法律法規的時候，必須要明確機器人的法律權利與義務，避免威脅到人類的權利。就企業而言，作為人工智能的生產者，不僅需要加快人工智能技術的創新，更重要的是嚴格選用人工智能研發人員。人工智能的行為準則是一套其研發人員設計的編程算法，在這一前提下，技術研發人員在進行編程時的一個小小的失誤可能就會導致人工智能在日後使用時做出錯誤的操作，就如上述的無人駕駛系統的算法出現錯誤導致車輛發生交通事故。首先，企業在用人方面必須制定嚴密的內部監控體系和管理，例如實行人工智能產品技術人員負責制，建立起產品責任人清單，便於產品的事後追責。其次，企業應當對每臺人工智能產品進行產品編號，給每個產品都發放一個「身分證」，並即時追蹤每個產品的使用情況；最後，建立起完善的售後服務系統。當發現問題產品時，企業的售後部門要及時處理問題產品以及賠付，比如無人駕駛汽車發生事故後的經濟賠付應當由專門的售後部門負責。

在處理人工智能倫理道德問題方面,我們更應該注重對機器人的權利限制。就目前的發展趨勢來講,人工智能越來越有可能被賦予「人」的權利,它們擁有人的感情,擁有人類的智慧與理性。就政府而言,如果機器人具有了政治倫理,那就意味著機器人具有參與政治的權利,那麼政府部門的公共決策是否可以交給人工智能來完成?根據相關調查研究顯示,在英國有接近25%的受訪者能夠接受人工智能參與到政治中去,這就意味著如果人工智能作為政治候選人,它會贏得接近1/4的選票。不可否認,人工智能的理性遠勝於人的理性,在大數據的時代大背景下,西蒙的「滿意化原則決策理論」可能會被重新修改,人工智能可以做出「最優選擇」。政府公共部門如果想要提升行政效率,運用人工智能決策必不可少,問題在於人工智能機器的決策是否會被看作是機器對人的管理。所以,在行政決策方面,政府需要賦予人工智能一定的政治合法性基礎,使得人工智能具備參政的合法性,但這並不意味著人工智能是在對人進行管理,因為這種合法性的基礎是基於人工智能依舊作為決策輔助工具的前提之上而產生的。就整個社會而言,人類應該賦予人工智能一些合法性權利,重點在於怎樣對其進行限制。人工智能的研發人員可以通過給機器人設定道德準則,通過將道德準則編製為特定的算法從而更好地知道機器人的行為。

不可否認,人工智能的發展的確給人類帶來了巨大的福祉,在經濟、政治等領域都產生了積極影響,但是人工智能超強的自主學習能力以及超高的智慧,不得不讓人類對其的存在產生了疑問。從政府到企業再到社會各個組織,需要高度關注人工智能的發展,人工智能的發展前景是光明的,但是隨著人工智能的應用逐漸推廣開來,在經濟、政治、道德倫理、法律等各個方面都會產生更多新的問題。怎樣正確地來看待和解決人工智能所帶來的問題與挑戰,關係到人類能否與人工智能

和諧共處,作為公共管理者的政府與私人部門的企業以及社會各界都應該參與到人工智能的治理進程中來,只有將人工智能掌控好、應用好,不被濫用,才能更好地發揮其作用來造福人類自己。

第四節　如何看待人工智能與財政管理問題

雖然人工智能已經成為一個人盡皆知的概念,但目前對於人工智能的定義還未能達成普遍的共識。傳統的人工智能發展思路是研究人類如何產生智能,然後讓機器來學習人的思考方式去行為。目前普遍被人們認可的人工智能定義是,人工智能是用機器模仿和實現人類的感知、思考、行動等人類智力與行為能力的科學與技術,目標在於模擬、延伸、拓展人的智慧與能力,使信息系統或機器勝任一些以往需要人類智能才能完成的複雜任務。

從學科的角度進行分析,人工智能(學科)作為計算機科學中的一項設計研究,是設計和應用智能機器的重要分支。當前,對於人工智能的研究,其目標和任務是使用智能機器,對人腦中的某些智力功能進行模擬和執行,並深入探究其中的知識理論以及技術。從能力的角度進行分析,人工智能(能力)會執行與人類智能有關的各種智能行為,如判斷力、推理能力、證明能力、識別能力、感知能力、理解能力、通信技術設計能力、思考能力和學習能力等一系列的思維活動。

隨著時間的推移和科技的不斷發展,人工智能經過了3次發展浪潮,現在正在進入第4次浪潮。當前,以日本推出 AIBAo 機器狗為啓動標誌,以「AlphaGo」戰勝李世石為引爆點,在算法、算力和數據3大內在因素的驅動下,在與安防、金融、製造等行業深入融合下,出現的一次

智能化變革浪潮。從目前來看,人工智能雖仍屬於潛能釋放階段,但其優勢已逐步顯現出來。

一、人工智能正在改變部分行業的生產運作模式

隨著人工智能的發展應用,正在推動產業從生產方式到管控模式的變革。以製造業為例,通過「機器換人」,將可以實現工廠的 24 小時無停歇生產製造,可實現產品的規格化、標準化、批量化,最大限度地提升勞動效率和生產效益。據埃森哲預測,在人工智能的幫助下,人們將能更有效地利用時間,到 2035 年,在人工智能的推動下,中國勞動生產率有望提高 27%。人工智能將驅動社會向更高層級發展。人工智能正在將人類從簡單重複的勞動中解放出來,使得人們有更多的時間去追求更高層級的生活體驗。

總的來看,現階段的人工智能是一種「賦能」技術,可以應用於生產與生活的各個方面,有效提高效率和質量,必將在今後的社會中發揮重要作用。[1]

2018 年中國政府工作報告中明確提出加強新一代人工智能研發應用。新時代下我們必須充分認識到人工智能對中國特色社會主義經濟所帶來的重大機遇和挑戰。無論是助力傳統產業的轉型升級,新產業、新業態、新技術的催生,還是高水準融入全球化進程,人工智能無疑是關鍵抓手。與歷史上任何科學技術進步一樣,人工智能也是一把「雙刃劍」。我們要保持頭腦清醒,發揮其正效應,合理規避其負效應,引導

---

[1] 石霖,曹峰.人工智能發展帶來的安全問題與策略研究[J].電信網技術,2018,4(4):15-17.

人工智能促進新時代下中國特色社會主義的健康有序發展①。

二、人工智能的迅速發展正在改變著人類的社會生活

經過60多年的演進，人工智能發展進入新階段。在移動互聯網、大數據、超級計算、傳感網、腦科學等新技術的共同驅動下，人工智能推動著經濟社會各領域從數字化、網路化向智能化加速躍升。未來人工智能的發展甚至可能改變世界格局。人工智能引發了新一輪國際競爭，許多國家已將其上升為國家戰略。人工智能是一項戰略性技術，牽動著國家發展的命運，關係著國家綜合實力對比，一場沒有硝菸的戰場已經在這片技術高地上展開。各國為了在這場技術競爭中占據主動權，紛紛謀篇佈局、統籌規劃，圍繞人工智能作出了戰略部署。當前美國、中國、日本、英國等國已經制定了較為全面和長遠的人工智能發展戰略，對戰略制高點的爭奪日趨激烈。世界主要發達國家把發展人工智能作為提升國家競爭力、維護國家安全的重大戰略，中國也不例外。國務院發布的《新一代人工智能發展規劃》明確指出，人工智能成為國際競爭的新焦點。

新一代人工智能技術為傳統產業實現轉型升級提供了全新的視角。當前傳統產業無論是在市場、資源以及環境、成本等方面都面臨著轉型升級的迫切需要。中國互聯網產業基礎位居世界前列，互聯網作為仲介將智能化技術滲透到各個具體領域，為傳統產業的質量優化和效率提高提供了重要契機。《中國製造2025》這一中長遠戰略目標的實現離不開人工智能和傳統產業的深度融合，二者之間的融合必將打破

---

① 宋平.論新時代視域下的人工智能[J].中共南寧市委黨校學報,2018,20(2):21-24.

傳統製造業降低成本、提高效率、滿足定制這一「三角困境」，改變傳統產業以往的發展邏輯。黨的十九大報告中指出未來五年中國重點通過智能製造建設製造強國，發展智慧經濟建設智慧社會，傳統產業借助人工智能技術實現「騰籠換鳥」「鳳凰涅槃」已成為未來發展的一大趨勢。人工智能技術無論是對於傳統產業的轉型升級還是助力新產業、新技術、新業態的發展都有著重要的建設性作用。

近年來中國人工智能發展迅速，憑借技術的突出進步和科研實力的快速增長，不斷縮小與一直處於主導地位的美國之間的差距。一方面，中央政府加強引導和規劃，將人工智能、機器人等作為重要發展方向；另一方面，各級政府紛紛出抬資金扶持等配套政策，支持建設人工智能產業園和示範基地，吸引科技創新公司和高端人才入駐，鼓勵企業把資金投入到人工智能關鍵技術領域。中國以 BAT 為代表的互聯網企業不甘落後，積極展開人工智能佈局。百度 2016 年進行戰略架構調整，把人工智能視作公司發展的重中之重，阿里將人工智能與大數據、雲計算等結合，對電商物流和物聯網進行支撐；騰訊通過搜狗發力人工智能，在語義理解、識別和人機交互方面展開了諸多探索。國外學者和媒體認為，中國人工智能或將實現彎道超車。但客觀分析，中國人工智能發展還面臨著頂層設計不夠、人才儲備不足等制約因素，所以與國外發達國家還存在相當大的差距。

2013 年以來，各國在人工智能研發重點與重點應用領域上的政策也存在著較大差異。美、德、英、法、日、中等國紛紛出抬人工智能戰略和政策。各國的戰略和政策均各有側重。美國重視人工智能對於經濟發展、科技領先和國家安全的影響；歐盟國家著重關注人工智能帶來的安全、隱私、尊嚴等方面的倫理風險；日本希望人工智能可以幫助推進其智能社會的建設；而中國的人工智能政策則聚焦於實現相關領域的

產業化,助力中國的製造強國戰略。

2009年至今,中國人工智能政策的演變可以分為5個階段,其中心任務也在不斷變化,體現了各個階段發展重點的不同。國家層面的政策早期關注物聯網、信息安全、數據庫等基礎科研;中期關注大數據和基礎設施;2017年以後,人工智能成為最核心的主題,知識產權保護也成了重要主題。綜合來看,中國人工智能政策主要關注以下6個方面:中國製造、創新驅動、物聯網、互聯網+、大數據、科技研發。

國家開展人工智能發展戰略後,各地地方政府積極回應。其中,《中國製造2025》處於人工智能政策引用網路的核心,在地方人工智能政策過程中發揮著綱領性作用。目前中國人工智能的活躍發展區域主要集中在京津冀、長三角和粵港澳地區。各省(市)的政策主題也不盡相同,例如江蘇省主要關注基礎設施、物聯網和雲計算等基礎研發領域;廣東省關注製造和機器人等人工智能應用領域;福建省主要關注物聯網、大數據、創新平臺和知識產權[1]。

人工智能技術的發展給很多傳統行業帶來了一些衝擊。2017年3月5日,李克強總理在全國政府工作報告中提出「加快培育和壯大包括人工智能在內的新興產業」,這是人工智能首次被寫入政府工作報告。不少專家學者認為人工智能將給社會帶來巨大變革[2]。

三、人工智能進入財政會計領域

會計作為傳統行業,也受到人工智能的影響,會計流程中有很多簡單重複的工作都是可以由人工智能來完成的,而這也就意味著部分低

---

[1] 清華大學.中國人工智能發展報告2018[R].清華大學中國科技政策研究中心,2018.

[2] 陳琛.人工智能時代的會計[J].現代企業,2018(8):130-131.

端的會計工作人員面臨著失業的風險。

2016年3月9日,世界圍棋冠軍李世石與人工智能系統AlphaGo的第一場人機大戰塵埃落定,AlphaGo挑戰成功,李世石認輸。次日,世界四大會計師事務所之一的德勤宣布,將與人工智能企業Kira Systems合作聯盟,將人工智能引入會計、稅務、審計等財政工作中,代替人類閱讀合同和文件;隨後,畢馬威會計師事務所也與IBM公司合作,將使用沃森認知計算技術開展會計、審計工作;同年5月26日,普華永道也推出機器人自動化解決方案。如今,在全智能化軟件技術和使用電子發票的前提下基本可以實現證、帳、表的自動生成。

《經濟學人》雜誌2014年曾通過調查羅列了未來20年最有可能被機器人搶走飯碗的崗位。排名靠前的包括低端製造業的生產、銷售、會計等,而技術含量較高的牙醫或者類似於心理學家的情感輔導人員,甚至是運動項目教練等屬於替代性較低的職業[1]。

人工智能在會計領域的應用,提高了會計工作效率,統計匯總後的財務信息可以為企業的經濟決策提供模擬分析數據,從而使企業更好地發展。人工智能會計將會計人員從機械的財務處理工作中解放出來,有利於減輕會計人員的負擔,從而有更多的時間來幫助管理者決策,幫助客戶克服預期的障礙。會計人員利用財務系統,實現全流程智能化管理,有利於減少信息失真,避免財務決策失誤,既簡化了會計工作,也降低了人為造假會計信息的可能性,並且提高了會計信息的準確性和可靠性,極大地保證了會計信息的質量。

雖然人工智能有利於提高會計工作效率,但也將逐步取代大量的基礎會計工作崗位,使得許多從事會計基礎核算工作的人員將面臨嚴

---

[1] 陳婷蔚.人工智能在會計領域的應用探析——以德勤財務機器人為例[J].商業會計,2018(10):77-78.

峻的職業挑戰。儘管電子數據型信息更易於保存和傳遞,但也在一定程度上對財務信息的安全性提出了考驗,易導致財務信息的洩露。電子信息網路的安全問題,也威脅到財務信息的安全,可能造成商業機密洩露,對企業危害巨大。財務機器人作為新生事物,國家法律法規在人工智能會計領域尚不完善,易造成會計行業混亂,對日常會計處理工作產生不利影響。

人工智能技術對會計人員的技能要求會不一樣,在傳統會計行業企業要求會計人員擁有一定的會計技能,對他們的管理技能,做出會計決策的要求不高,而在人工智能時代下,那些簡單的會計工作可以由人工智能代替,那麼企業就要求會計人員具備做出決策、預測的能力,以及與 IT 相關的技術能力,對企業的會計行業的人力資源也會產生影響①。

人工智能對基礎會計人員有一定的威脅,人工智能可以完全代替基礎會計人員,基礎會計人員面臨很大的下崗風險。黃柳蒼(2017)從人工智能能代替會計的哪些工作的角度分析並做出了預測,認為將近有一半的會計基礎人員會面臨失業的危險,但是對管理會計和會計高管的需求還在持續增加,這就要求基礎會計人員向管理會計和會計高管轉型。②

人工智能的發展及應用是不可逆轉的趨勢,財務人員應當順應時代的發展,認真思考如何轉型,成為適應新時代、新環境的優秀人才。雖然人工智能具有通過自我學習進行獨立判斷的能力,但仍難以代替會計人員對錯綜複雜的經濟業務進行職業判斷。與此同時,會計人員

---

① 陳琛.人工智能時代的會計[J].現代企業,2018(8):130-131.
② 黃柳蒼.人工智能發展對會計工作的挑戰與應對[J].教育財會研究,2017,28(2):3-8.

在企業目標管理、部門溝通等管理方面也有著不可替代的作用。因此，人工智能時代對會計人員提出以下四點建議和要求：

（1）從基礎核算人員向複合型人才轉變。目前，社會上有大量從事基礎核算的會計人員，但真正具有專業知識、良好的職業判斷能力、良好的計算機操作能力等的複合型人才十分緊缺。對於會計從業人員、特別是基礎會計人員來說，加強業務知識及其他領域相關知識的學習、實現向複合型人才的轉變，是保持自身就業競爭力的最佳選擇。

（2）從財務會計向管理會計過渡。財務會計作為一個信息生成系統，財務機器人的功能可以覆蓋其中所有相關流程，且相比於人工極具優勢。而管理會計作為一個信息處理系統，更多的依賴會計人員根據經驗做出職業判斷，這需要會計人員提高分析問題、解決問題的能力，協助企業管理、幫助投資者及其他財務報告使用者做出決策。從財務會計到管理會計的過渡也是會計人員提升自身價值的一種非常重要的手段。

（3）提高人工智能運用過程中的安全性和可靠性。人工智能引入到會計行業，大量數據都是利用網路進行處理的。但是，目前的互聯網還存在很大的安全風險。而數據安全性在財務會計中是非常重要的，當財務機器人替代會計人員完成簡單重複的核算工作時，會計人員可以利用更多的時間熟悉相關法律法規和會計準則，針對法規和實施環境中存在的風險，提出更有價值的建議，提高人工智能運用過程中的安全性和可靠性。

（4）對智能會計程序進行維護、升級。人工智能技術與會計的結合，使會計領域對「人工智能＋會計」的複合型人才產生了大量需求。隨著會計處理的全流程自動化、會計信息共享化和會計分析決策智能化等趨勢的到來，會計行業更需要專業化的技術人才。在人工智能時

代,會計人員不僅應掌握紮實的會計專業基礎知識,學會正確使用財務機器人,還應與科學研究人員配合,協助開發和維護系統程序。人工智能時代已經到來,會計人員必須轉型為確保數據安全和軟件正常運行方面的專家,只有這樣,才能在激烈的行業競爭中獲得一席之地。[①]

[①] 鄧文偉.人工智能時代的會計研究綜述[J].國際商務財會,2018(5):86-88.

參考文獻

[1]ANDY STERN. Raising the Floor: How A Universal Basic Income Book Group, Inc. 2016.

[2]GEORGE F LUGER.人工智能複雜問題求解的結構和策略[M].史忠值,等譯.北京:機械工業出版社,2006.

[3]GLOBAL EMPLOYMENT INSTITUTE. Artificial Intelligence and Robotics and Their Impact on the Workplace[R]. April 2017.

[4]安維復.人工智能的社會後果及其思想治理——沿著馬克思的思路[J].思想理論教育,2017(11).

[5]柏東欣.解決中國貧富差距過大問題的對策研究[D].天津:渤海大學,2016.

[6]包麗紅.論機器人進行生產是否能創造剩餘價值[J].現代經濟信息,2012(22).

[7]蔡自興.人工智能及其應用[M].5版.北京:清華大學出版社,2016.

[8]程承坪,彭歡.人工智能影響就業的機理及中國對策[J].中國軟科學,2018(10).

[9]仇立平.大數據+智能化時代社會的「淪陷」與治理[J].探索與

爭鳴,2018(5).

[10]大衛・李嘉圖.政治經濟學及賦稅原理[M].郭大力,王亞南,譯.北京:華夏出版社,2005.

[11]董立人.人工智能發展與政府治理創新研究[J].天津行政學院學報,2018(3).

[12]董直慶,蔡嘯.技術進步方向誘發勞動力結構優化了嗎?[J].吉林大學社會科學學報,2016(5).

[13]杜嚴勇.人工智能安全問題及其解決思路[J].哲學動態,2016(9).

[14]段海英,郭元元.人工智能的就業效應述評[J].經濟體制改革,2018(3).

[15]樊潤華.淺析人工智能的發展對社會就業形勢的影響[J].當代經濟,2018(7).

[16]方興東,嚴峰.從互聯時代邁向智能時代:2017年盤點與2018年展望[J].現代傳播(中國傳媒大學學報),2018,40(1).

[17]封帥,魯傳穎.人工智能時代的國家安全:風險與治理[J].信息安全與通信保密,2018(10).

[18]馮志宏.現代性視域中的技術風險[J].延安大學學報,2012(5).

[19]高奇琦,張結斌.社會補償與個人適應:人工智能時代失業問題的解決辦法[J].江西社會科學,2017(10).

[20]鞏辰.全球人工智能治理——「未來」到來與全球治理新議程[J].國際展望,2018(5).

[21]互聯網企業眼中的十九大:「十九大最深刻的影響,他們這樣說」系列[J].中國產經,2017(12).

［22］紀玉山.探索智能經濟發展新規律、開拓當代馬克思主義政治經濟學新境界［J］.社會科學輯刊,2017(3).

［23］蔣潔.人工智能應用的風險評估與應對策略［J］.圖書與情報,2017(6).

［24］金碚.世界工業革命的緣起、歷程與趨勢［J］.南京政治學院學報,2015,31(01).

［25］聚焦人工智能「中國方案」［J］.機器人產業,2018(1).

［26］卡斯特.千年終結［M］.夏鑄九,等譯.北京:社會科學文獻出版社,2003.

［27］李建強.四字解讀十九大報告［J］.中國物業管理,2017(12).

［28］李俊平.人工智能技術的倫理問題及其對策研究［D］.武漢:武漢理工大學,2013.

［29］李秋蒙,王浩.中國貧富差距問題分析［J］.學理論,2018(11).

［30］廖思維.中、美、歐人工智能——中國擁有獨特優勢［J］.中國中小企業,2018(3).

［31］劉方喜.共享:人工智能時代社會主義分配關係的新探索［J］.甘肅社會科學,2018(2).

［32］劉佩然.淺談人工智能對就業的影響［J］.廈門大學學報,2018(2).

［33］劉燕.中國現階段貧富差距問題研究［D］.鄭州:河南財經政法大學,2016.

［34］陸高峰.十九大報告提出的新課題和新要求［J］.青年記者,2017(33).

［35］陸小梅.淺談人工智能在互聯網金融領域的應用［J］.經濟師,2017(5).

［36］倫一.人工智能治理相關問題初探［J］.信息通信技術與政策,2018(6).

［37］羅來軍,朱善利,鄒宗憲.中國新能源戰略的重大技術挑戰及化解對策［J］.數量經濟技術經濟研究,2015(2).

［38］呂榮杰,郝力曉.人工智能等技術對勞動力市場的影響效應研究［J］.工業技術經濟,2018(12).

［39］馬克·珀迪,邱靜,陳笑冰.埃森哲:人工智能助力中國經濟增長［J］.機器人產業,2017(2).

［40］馬克思恩格斯全集:第19卷［M］.北京:人民出版社,1963.

［41］馬克思恩格斯全集:第37卷［M］.北京:人民出版社,1971.

［42］馬克思恩格斯文集:第1卷［M］.北京:人民出版社,2009.

［43］馬克思恩格斯文集:第7卷［M］.北京:人民出版社,2009.

［44］馬克思恩格斯選集:第1卷［M］.北京:人民出版社,2012.

［45］馬克思恩格斯選集:第2卷［M］.北京:人民出版社,2012.

［46］毛澤東選集:第1卷［M］.北京:人民出版社,1991.

［47］孟偉,楊之林.人工智能技術的倫理問題——一種基於現象學倫理學視角的審視［J］.大連理工大學學報(社會科學版),2018,39(5).

［48］龐金友.AI治理:人工智能時代的秩序困境與治理原則［J］.人民論壇(學術前沿),2018(5).

［49］喬曉楠,何自力.馬克思主義工業化理論與中國的工業化道路［J］.經濟學動態,2016(9).

［50］秦浩,王豔雪.淺談人工智能技術的倫理問題及其對策［J］.廣西教育學院學報,2018(3).

［51］申海波,韓璞庚.人工智能背景下的治理變遷及其路徑選擇［J］.求索,2018(6).

[52]盛欣,胡鞍鋼.技術進步對中國就業人力資本結構影響的實證分析——基於29個省的面板數據研究[J].科學學與科學技術管理,2011(6).

[53]宋平.論新時代視域下的人工智能[J].中共南寧市委黨校學報,2018(2).

[54]王伯魯.技術困境及其超越[M].北京:中國社會科學出版社,2011.

[55]王伯魯.馬克思技術思想綱要[M].北京:科學出版社,2009.

[56]王東浩.人工智能體引發的道德衝突和困境的探究[J].倫理學研究,2014(2).

[57]王棟.人工智能與社會治理[J].人民法治,2018(18).

[58]王君,楊威.人工智能等技術對就業影響的歷史分析和前沿進展[J].經濟研究參考,2017(27).

[59]王君,張於喆,張義博,等.應對人工智能對就業影響的對策與建議[J].中國經貿導刊,2017(24).

[60]王君,張於喆,張義博.人工智能等新技術進步影響就業的機理與對策[J].宏觀經濟研究,2017(10).

[61]王武斌.人工智能對人主體性的影響[J].改革與開放,2018(14).

[62]王瀅波.人工智能發展及其影響[J].信息安全與通信保密,2016(12).

[63]吳彤.關於人工智能發展與治理的若干哲學思考[J].人民論壇(學術前沿),2018(10).

[64]肖文峰.馬克思的勞動價值理論和剩餘價值理論過時了嗎[J].天津商學院學報,1988(11).

［65］肖文海.新技術革命對就業的影響與中國就業政策的選擇［J］.經濟社會體制比較,2006(4).

［66］徐英謹.技術與正義:未來戰爭中的人工智能［J］.人民論壇·學術前沿,2016(7).

［67］薛惠鋒.從「互聯網」到「星融網」在黨的十九大旗幟下迎接網信強國的未來［J］.網信軍民融合,2018(1).

［68］亞當·斯密.國民財富的性質與原因研究［M］.郭大力,王亞南,譯.北京:商務印書館,2014.

［69］嚴書翰.中國特色社會主義理論體系概論［J］.學習論壇,2014(4).

［70］顏鋒,孫雍君.現代科學技術與馬克思主義［M］.北京:知識產權出版社,2005(11).

［71］楊忠鵬.人工智能發展帶來的機遇和挑戰［J］.光彩,2018(11).

［72］袁強.人工智能時代:挑戰與機遇並存［J］.中國大學生就業,2018(2).

［73］張倩.美國白宮:人工智能、自動化與經濟報告［J］.杭州科技,2017(2).

［74］張聖兵,劉偉杰,周紹東.新科技革命推動的生產方式演進——基於馬克思主義政治經濟學視角的解讀［J］.改革與戰略,2018(6).

［75］張昕.人工智能中的不確定性問題研究［D］.長沙:國防科學技術大學,2012.

［76］趙磊,趙曉磊.AI 正在危及人類的就業機會嗎?——一個馬克思主義的視角［J］.河北經貿大學學報,2017(6).

[77]趙磊,趙曉磊.世界處在巨變的前夜——一個馬克思主義的觀察維度[J].江漢論壇,2017(1).

[78]鐘仁耀,劉葦江,劉曉雪,等.科技進步對上海就業影響的實證分析——基於分行業的視角[J].人口與經濟,2013(2).

[79]周紹東.「互聯網+」推動的農業生產方式變革——基於馬克思主義政治經濟學視角的探究[J].中國農村觀察,2016(6).

[80]朱敏,紀雯雯,高春雷,等.人工智能與勞動力市場變革:機遇和挑戰[J].教育經濟評論,2018(2).

[81]朱巧玲,李敏.人工智能、技術進步與勞動力結構優化對策研究[J].科技進步與對策,2018(6).

[82]朱巧玲,李敏.人工智能的發展與未來勞動力結構變化趨勢——理論、證據及策略[J].改革與戰略,2017(12).

國家圖書館出版品預行編目（CIP）資料

人工智能與中國經濟改革發展 / 蔣南平, 鄭萬軍, 王竹君 編著. -- 第一版.
-- 臺北市：財經錢線文化, 2020.05
　　面；　公分
POD版

ISBN 978-957-680-392-5(平裝)

1.經濟發展 2.經濟改革 3.人工智慧 4.中國

552.2　　　　　　　　　　109005339

書　　名：人工智能與中國經濟改革發展
作　　者：蔣南平,鄭萬軍,王竹君 編著
發 行 人：黃振庭
出 版 者：財經錢線文化事業有限公司
發 行 者：財經錢線文化事業有限公司
E-mail：sonbookservice@gmail.com
粉 絲 頁：　　　　　網　址：
地　　址：台北市中正區重慶南路一段六十一號八樓 815 室
8F.-815, No.61, Sec. 1, Chongqing S. Rd., Zhongzheng
Dist., Taipei City 100, Taiwan (R.O.C.)
電　　話：(02)2370-3310 傳　真：(02) 2388-1990

總 經 銷：紅螞蟻圖書有限公司
地　　址：台北市內湖區舊宗路二段 121 巷 19 號
電　　話：02-2795-3656 傳真：02-2795-4100 　網址：
印　　刷：京峯彩色印刷有限公司（京峰數位）

　本書版權為西南財經大學出版社所有授權崧博出版事業股份有限公司獨家發行電子
書及繁體書繁體字版。若有其他相關權利及授權需求請與本公司聯繫。

定　　價：500元
發行日期：2020 年 05 月第一版
◎ 本書以 POD 印製發行